西域考古记

[英] 斯坦因 著
向达 译

民主与建设出版社
·北京·

© 民主与建设出版社，2023

图书在版编目（CIP）数据

西域考古记 /（英）斯坦因著；向达译. --北京：民主与建设出版社，2023.10
ISBN 978-7-5139-4372-7

Ⅰ.①西… Ⅱ.①斯… Ⅲ.①西域—考古 Ⅳ.①K872.4

中国国家版本馆CIP数据核字（2023）第186622号

西域考古记
XIYU KAOGU JI

著　　者	〔英〕斯坦因
译　　者	向　达
责任编辑	刘　芳
封面设计	莫　莫
出版发行	民主与建设出版社有限责任公司
电　　话	（010）59417747　59419778
社　　址	北京市海淀区西三环中路10号望海楼E座7层
邮　　编	100142
印　　刷	玖龙（天津）印刷有限公司
版　　次	2023年10月第1版
印　　次	2024年1月第1次印刷
开　　本	710mm×1000mm　1/16
印　　张	14
字　　数	200千字
书　　号	ISBN 978-7-5139-4372-7
定　　价	62.80元

注：如有印、装质量问题，请与出版社联系。

译者赘言

西洋自十九世纪中叶以后，探险的风气大盛，逐渐及于中亚一带。中亚地方在中古时代为中国丝绸西去的大道，为东西两方文化交通的枢轴。近数十年来，西洋学者在中亚考古探险所得的古代遗存，不唯可以看出古代当地文化的水准情形，东西两方文化交光互影的梗概，并且连中国中古时代的历史，因为有这些遗物的发现，也可以呈露不少的光明，得到不少的新的解释。在考古学方面成绩最为可观的有英国的斯坦因（Sir Aurel Stein）、法国的伯希和（M. Paul Pelliot）、瑞典的斯文·赫定（Dr. Sven Hedin）和德国的勒柯克尔（Von Le Coq）；日本的橘瑞超也有一部分的贡献。

各人的报告书都是皇皇巨著，不易观览；综合各人各次探险结果，写成通俗的著作，使人一览而明大概的颇不多见。此处所译的即是斯坦因综合他三次中亚探险的结果而写成的一部通俗著作。看过他的专门报告书的，读此固可以流贯前后，得一条理；没有看过的人，读此也就可以得一个梗概。——虽然是以一个一个的题目为单元，而将年代附列于内，并且文章也写得相当枯燥，不如赫定的书之有文学上的意味和人文的风趣。不过事实叙述简洁得要，对于各个问题在历史上的重要和地位，都说得很明白，这正是我们一般人对于新疆所需要的一点知识。我因此翻译了这一部书。

我译此书，大概照原文逐句直译，遇有可以补正的地方，随时附注；大致和原文不甚相远。译成后，承友人万稼轩（斯年）先生取原书仔细加以校勘，又改正不少的错误和遗漏。又蒙舒新城先生慨允代为出版。这都是我所最应感谢的！

我希望能借我这不完备的译本，使读者对于中亚在历史上的情形和地位，得到一个轮廓，初不以辞害意，那就是我所祈祷以求的最大的收获了！

（民国）二十四年十月十七日向达记于上海

Contents 目录

著者序　　/ 001
第一章　亚洲腹部的鸟瞰 / 004
第二章　中国之经营中亚以及各种文明的接触 / 014
第三章　越兴都库什以至帕米尔同昆仑山 / 026
第四章　在沙漠废址中的第一次发掘 / 037
第五章　尼雅废址所发现的东西 / 048
第六章　尼雅废址之再访和安得悦的遗物 / 063
第七章　磨朗的遗址 / 071
第八章　古楼兰的探险 / 083
第九章　循古道横渡干涸了的罗布泊 / 094
第十章　古代边境线的发现 / 106
第十一章　沿着古代中国长城发现的东西 / 115
第十二章　千佛洞石窟寺 / 125
第十三章　密室中的发现 / 132
第十四章　千佛洞所得之佛教画 / 141

第十五章　南山山脉中的探险 / 154

第十六章　从额济纳河到天山 / 160

第十七章　吐鲁番遗迹的考察 / 167

第十八章　从库鲁克塔格山到疏勒 / 177

第十九章　从疏勒到阿尔楚尔帕米尔 / 187

第二十章　沿妫水上游纪行 / 199

第二十一章　从洛山到撒马尔干 / 209

著者序

这部书的用意是打算把我在"中国突厥斯坦"和亚洲腹部毗邻各地所作考古学上和地理学上的探险,概要地叙述一番。多少年来,在这些少有人知道、不易往来而地势又极险的区域旅行考察,历尽艰辛,在我的一生中如今回忆起来,还是极为快活的。但是要把我三次中亚探险所得丰富的科学结果,予以整理,那却需要更多的努力和更长的岁月了。

第一、第二两次的个人游记以及三次总合起来十一册四开大本的详细报告目见后,我相信我所尽的责任只是记录一方面;其中只有《沙漠契丹废址记》(Ruins of Desert Cathay)一书,详记我第二次探险(1906—1908)的个人经验。不过以上所说各书,除《沙漠契丹废址记》以外,其余都久已绝版,现在也不易得到。

我最后完成这些工作,离第一次旅行归来,已是足足的二十七年,自此以后我可以自由地转向更南的新地方,从事考古的探险了。但是一想到在亚洲腹部沙漠山岭之间所费去那些美满的岁月,至今还是和以前一样,觉得很新鲜,有价值。所以当哈佛大学校长好意请我在波士顿罗威尔研究院(Lowell Institute, Boston)演讲的时候,我便欣然趁这机会把我这些年来的游历和发现,提纲挈领地叙述一番,以适合广泛的听众之需。

只是探险的范围过大,性质又极复杂,幸而利用幻灯片来说明我的叙述,不然要提纲挈领,便更为困难了,我把这些讲演加以适当的增补和改动付印的时候,也感觉到这种需要。所幸出版人见到这一点,把关于我的几次探险以及在古代遗址所得到的发现品,附以充分的插图,使一切都无问题,这是我一定要感谢的。

在领导读者到那些探险所及的辽远的亚洲区域去之前，似乎对于那地方地形的特点，应该要叙述一个轮廓。而那两千多年来的命运大都靠着地理为转移的地方，一个简要的历史同样也是有用的。因此有本书作为引论的几章。这几章大部分是取材于1925年我在皇家地理学会（Royal Geographical Society）所讲的《中亚地理史观》（Innermost Asia: Its Geography as a Factor in History）一文。

三次长期探险中所及的地域很广，而实际可走的路又为很大的天然障碍所限制，所以为着地理学上的讨论和考古学上的工作起见，有些地方往往去得不止一次。因为这种情形，我叙述主要的探险工作，便取地点为本位，而不严遵年月的先后。

这几次的探险，总算起来有七年以上，所得的结果，如果我从开始起以及后来研究记录这些结果的时候，没有得到各方面主动的有力的帮助，是不会成功的。在以前出版的书籍中我都有很好的机会向各方面提供帮忙的人一一道谢。所以这里只要略为一述，便很够了。

我最初服务于印度教育部（Educational Service），随后供职于考古学调查所（Archaeological Survey）。我之所以能实现我所选择的工作，所需的时间以及物力，以得印度政府慷慨维持之力为最多。而不列颠博物馆（British Museum）当局，除了在我第二次探险时出了一笔款子以外，并还予以很有价值的帮助，对于我历次考察所带回的东西供给地点以备陈列和研究之用，同时选派馆中专家帮助这种工作。

我在地理学方面大得印度测量局之力，派遣有训练、能耐劳的印度测量员帮我，并且花了很多的钱，在我的指导和帮助之下，把地形测量的结果，陆续用大张的地图刊印出来。皇家地理学会也采取同样的方针，时时给我可感的帮助和鼓励，如1909年之以创办人金奖章（Founder's Gold Medal）奖我，就可以证明此事。

所发现的古物方面既广又重要，其中包括丰富的古代美术和工艺品的遗物以及十二种以上不同的语言的古代写本，如果没有许多有名的东方学学者和东方美术专家自动地以他们的专门学问来合作，我是绝不会做得好的。这些贡献有价值的帮助的人，如果要在这里一一声谢，那真是太多了。所以我只好在几章中把考释特别重要的发现品的学者予以提及。

说到这一本书，我要特别感谢印度政府的教育土地卫生部（Department of Education, Lands and Health）允许我选用我各次旅行所照的照片，此外还有伦敦的印度高等委员（High Commissioner for India in London）特许我复制我的详细报告书（Ancient Khotan; Serindia; Innermost Asia）中所插有些古物的图版。至于本书所附的地图，我要感谢皇家地理学会的秘书，那是从上面说及的《地理学杂志》中那篇文章复制的。至于插图的安排，我要特别致谢我的美术方面的朋友和助手安德鲁斯先生（Mr. Fred. H. Andrews. O. B. E.），我以前所有的书籍全承他帮助，现在还是照样帮我。此外我还得敬谢麦美伦先生（Mr. George A. Macmillan），他好意地把我的文章校阅一遍，特别顾到一般读者的需要。至于斯顿公司（Messrs. Henry Stone and Son, Banbury）所制彩色图版之优美，可以为这些复制品逼真原物的保障，这也是我不应该忘记提到的。

近三十年来，为着探险的结果，我在书房中从事文化方面的工作时期不得不为之延长，这在有些地方比之野外更其需要我的努力。我之所以能做这种工作，大部分是由于朋友们的特别好意，爱护照料，常常鼓励，得他们的荫庇，我现在能够写作，在我是没有比此更为可感的了。

1932 年 9 月 18 日斯坦因序于牛津基督学院
（Corpus Christi College, Oxford）院长住宅

第一章
亚洲腹部的鸟瞰

　　旅途的进行是要用这种半古代式的方法，所要去的地方又是那样的辽阔，时间是那样的长，又要为有系统的考察，便不能不作适当的准备，以好熟悉那片广漠无垠，而在地文上以及人类历史的遗迹上特别有趣的地方。

本书用意在把我受印度政府之命向亚洲腹部作连续三次探险的重要情形，扼要叙述一番。这三次探险的开始，远在1900年至1901年，第二次在1906年至1908年，第三次在1913年至1916年。前后历时七载，马上步下，所经过的程途，总计有二万五千英里左右。

旅途的进行是要用这种半古代式的方法，所要去的地方又是那样的辽阔，时间是那样的长，又要为有系统的考察，便不能不作适当的准备，以好熟悉那片广漠无垠，而在地文上以及人类历史的遗迹上特别有趣的地方。我们的目的地包括西达妫水（Oxus）东抵中国本部的"中国突厥斯坦"。那里无论是山岭或是滴水俱无遍望是沙的平原，大部分都是沙漠地带，但是在过去的历史上却占了很重要的地位。为古代印度、中国以及希腊化的亚洲西部文明交通往来的通道历好几百年，构成文化史上很绚烂的一章。这些文明在此地各种遗物上留下丰富的痕迹，因为地方的干燥，竟能给我们保存至今。寻找这些古代文明遗迹以及因为当地地形而引起的问题，是我这几次探险最强烈的动机。

但是从近代的眼光看来，亚洲腹部这些地方在经济同政治上的重要实是微小之至，尤其是天然风景和富源方面，更不足道。此地普通的性质是读者首先必须要知道的，然后对于叙述上重视过去的理由，便容易明白了。我因此在开始的几章，对于整个区域作一概括的考察，即是所谓鸟瞰，然后把此地在历史上所表演的，就我所知叙述一个大纲。

我的考察队所曾到过的亚洲腹部，大概可以说包有那些广大的高峻干燥的盆地，自东到西几乎正在亚洲中部的半道上。纬度方面北部正止于峻大嶙峋的天山，南部止于终年积雪的昆仑山脉，同西藏就以此山为界。东边可说是南山；南山就是昆仑山脉的一支，到太平洋的水道即以此为分水岭。西边直抵险峻的帕米尔山道，这就是古书中的伊摩斯（Imaos），一方面联结天山同兴都库什山（Hindukush），而在西边则为妫水的发源地。

从地图上看来，这一大片地方很像是"自然"有意在地球上发生大文明的几处地域之间，造了这样一座障壁，隔断了它们在文化方面彼此的交流。因为在这片地方以内，自东到西径长一千五百英里，自南到北也在五百英里以上，而生物可以居住的只严格地限于几线沙漠田，这些沙漠田除去些许地方以外，又都是很小的地方。此外就是一望无垠的沙漠了。这些沙漠无论是散布在高峻的山脉之上，或是位于山麓挟带冰川，穷荒不毛，以及流沙推动的平原上，几乎是任到何处，滴水全无。

我们所要讨论的区域最大部分都是这种极端缺水的地方，我所称为"真沙漠"者，其性质就是如此。我之所以特别声明"真"沙漠的原因，是要使读者明白我所要说的地方，同读者在某种意义之下所熟知的《圣经》故事、阿拉伯游记、美国以及南美洲风景画中所有的沙漠情形完全不同。为易于分别起见，这些沙漠我大胆称之为驯沙漠。都会中人，特别是从过剩的人类中心地方来的人，也许要为这些沙漠的静穆空虚以及和平所感动。但是像这种整个部落于长时期内或至少在一定的季节之间，可以在那里游行自在稳可以找得水源同牲畜牧地的沙漠，遭受敌人压迫驱逐还能安然躲避一时的沙漠，同天山和昆仑山脉间大盆地上我们对面相逢的大部分地方却不相同。

这块盆地内大部分是充满了沙丘的塔克拉玛干（Taklamakan）和自西至东全长几达八百英里以上上面满是碱块以及风蚀了的土块的罗布沙漠。在这些地方因为缺少水分，不仅人类，实际上所有的动物和植物都不能生存。昆仑山高处同高原的情形也差不多一样。极高处才有一点植物，那里靠近冰河，略有水分，在这种半北极地的环境之下，一年内有很少的几个月可容植物生长，此外就是深窄的峡谷谷底从冰河发源的小溪涧边很有限的一点地方了。沿着这种边沿的沙漠田以及邻近东向的盆地，都是靠着这些小溪涧的流水来生存的；无论何处除去靠沟渠泄水外，任何东西都不能种植。空气中缺少水分以致出现这种情形，这是盆地地理位置所直接酿成的结果，试看地图，这一带地方各面同海洋以及养命的水汽隔离得是多么远，便可以恍然大悟了。

在这些地方，人类生存和居住所必需的原料大自然既是那样的吝惜，纵使广轮万里，风景方面也说不上有多少变化了。但是那里却有很广阔的地形，划分此地为很显著的几种地带，我们必须连续在此作急速的调查。

我们可以从西部的山岭开始，这不仅因为希腊、罗马以及印度、波斯的影响由此传入亚洲腹部，然后及于中国，也由于所要横越的这一段山岭较之周围其余的山系更为有趣。我所指的就是那座大子午向的山脉，向西与此毗连的广阔的高原；为方便起见，可指为帕米尔（Pamir）一带。这一座大山脉北接天山，南连冰雪皑皑的兴都库什山，古代称之为伊摩斯。托勒美（Ptolemy）《地理书》（*Geography*）中十分正确地称此为内外两伊摩人（intra and extra Imaon）的两斯克泰种（Scythias）的界岭。这些名词大致相当于我们高中时代地理书中的内鞑靼外鞑靼（Inner and Outer Tartary），就是我们今日的"俄属突厥斯坦"（Russian Turkistan）和"中国突厥斯坦"（Chinese Turkistan）。妫水和塔里木河两大水系即以此山岭为分水岭。有趣的是高度达二万五千英尺以上的高地带都积聚在分水岭的东边。

帕米尔高原蜿蜒于高地带的西边，大部分地方由妫水支流和主干流贯其间。此处只能轻轻带过，本书以后各章还要叙述到此，古代以此作贸易和文化关系的通道，而为中国同塔里木盆地与夫妫水区域以及与印度的联系，在那里都有机会谈到。

循着刚才所说的路线向东，我们经过曲折干燥的峡谷，到达称为塔里木盆地的大槽地西部边沿。塔里木盆地里大部分都充满了流沙迁徙的塔克拉玛干沙漠，我们在未进入这沙漠以前，可以沿着包围盆地的大山脉急速迈过；塔里木河在抵罗布淖尔沼地隐于沙中以前，如没有这些大山脉上的冰河来供给水源，这一大片整个的地域都会要没有生命存在了。

高峻的昆仑山脉蜿蜒不断地横在盆地南边。在帕米尔方面开始就有好几座平行的峻岭，印度河即发源于冰河高耸的喀喇昆仑山（Kara-koram）。叶尔羌河（Yarkand river）及其支流即从这些山岭中迸流而出，这是塔里木河的主要支流。在这些河谷的上游，即使能够找出什么牧地，也是极其稀少，仅足供少许稀疏散布的吉里吉斯人（Kirghiz）帐幕牧群之用。这些河谷的通路都集中于喀喇昆仑山道。山道海拔在一万八千二百英尺以上，是到拉达克（Ladak）以及印度河最上游河谷去唯一可以实行的交通路线。古代此道是否有人用过，今无记载可考。

再向东，昆仑山脉也愈高，实际上阻绝任何交通。灌溉和阗沙漠田的哈喇杰什河（Kara-kash）同玉陇杰什河（Yurung-kash）即发源于昆仑主脉的最北部。昆仑主脉之高，几达二万英尺，绵延约三百英里，通道大都在极深峻，大部分又极难通行的峡谷之中。在这些河谷的上游，虽然还可得到少许可通的地方，但是因为冰河遍布的北坡崎岖难行，除了熟练的山民以外，几乎寸步难移。从此向南绵延很远是平均高度为一万五千英尺至一万六千英尺而又无水的西藏高原，缺少原料，所以是一座极大的障壁。不仅无牧草燃料，有很多地方甚至连饮用的水都没有。

耸立于盆地中和阗一带的昆仑外坂，性质虽然迥异，可是穷荒不毛，几乎仍是一样。在广阔的黄土（loess）平原一面，可以找出冲蚀而成迂回曲折的峻岭和深邃的峡谷。这种情形只有很长很长的水流动作才能如此，但在这些穷荒不毛的斜坡上，既无植物以为保护，只有在很稀少的机会里得到一点大雨或大雪而已。

冰河围绕的高地东边为玉陇杰什河发源处，俯视塔里木盆地的山脉，蜿蜒至四百英里以上，有如一条长练。在这整个的长练间，北坂山麓是一条砾石造成的斜坡，有些地方宽达四十英里以上，到处极端荒瘠。

转向南去到了塔里木河终点一段，没入罗布淖尔沼地的地方，围护大盆地的山岳至是呈东向的趋势，山势下降。小小的婼羌（Charkhlik）沙漠田即是古代的鄯善，实际上这是现在塔里木盆地中这一部分唯一永久可住的地方，从此到拉萨有七百英里以上。自此下降的道路在某一时期曾为南方的西藏人和游牧人内犯的通路，这是有理由可以相信的。西藏以及柴达木高原和高河谷地方可以得到的从印度以及太平洋方面吹来维持生命的水分，当然不会侵入围绕盘旋的这一部分大山岭北边的塔里木盆地。一片广阔无际穷荒不毛的壁垒，有些地方只是巉岩，到处盖满了流走的沙丘，从此迤逦而下以及于碱土做成一层地壳的干枯了的古代罗布泊。这在后来我们还有机会说到。

越过塔里木盆地的东端，昆仑山脉侵入南山之中便看不见了。南山西部俯临疏勒河（Su-lo-ho）河槽，蜿蜒达二百英里，北面斜坡的干燥和侵蚀得更为厉害的情形，因而地形上和我们在昆仑山脉方面所常见的是一样。

但是越过疏勒河河槽而东以至南山中部，就可以显出气候远为潮湿，因而不同的程度为之大增。这种现象显出同沿着黄河伸展到甘肃省境毗连部分以至西藏东北部高地的太平洋灌域地方已是相近了。受着一年中各季从太平洋气流带来的水分的优惠，肃州河极西端的河谷一带，植物都异常丰富。看惯了昆仑山脉荒凉的景象，再看肃州河同甘州河河源处空阔的河谷地方，虽是很高，有些地方甚至高达一万一千英尺以上，但是仍有极优美的夏季牧草，真是一个很动人的经验。再向东南，雪同雨量愈增，南山极北山岭中甘州河灌域所及的河谷里因此能容许更丰富的森林在那里生长。

我们现在已说到流入太平洋的黄河区域的分水界地方了，这是我们所讲广阔的亚洲腹部地带的东界。这使我们自然感觉到沿着南山肥沃的山麓从甘州腴壤边沿上向东的气候情形，在这里只要靠着雨雪，便可施行种植，无须灌溉的工作，但是这种水分是不会达到大洋的。

说到这里，我们一定得绕回去，完成对于山脉一个圆周的考察。南山的水流入额济纳河（Etin-gol）以没于无水的盆地，北山山脉荒凉的山岭和高原就延展于额济纳河的西边。这些山岭也没入于同样干燥的山系之中，这些山系"突厥"名为库鲁克塔格（Kurak-tagh），意即干山。由此更西蜿蜒约四百英里，又是一大段地带，既不能生存，也不适于游牧生活。

北山和库鲁克塔格相接处成为一大障壁，在那里没有一处南北的宽广是在二百英里以下的，最近的地方到现在已逐渐能够耕种了。

戈壁东西两端古老的山岭断层之间，偶尔可以找出带咸味的水井或泉水，因此成为一个通道，实际上每一次可容一小队的人通过。整个区域常有暴风，因此行人视为畏途，这种暴风大率来自东北，即至春季也往往冻冰。

天山大山系始于哈密以东，由此向西蜿蜒于塔里木盆地的北边，形成北部的一大屏障，高度广阔各处相差很大，但是无论何处在气候以及同气候有关的各方面，都强烈地显出是塔里木盆地和向北毗连诸地域之间的一个分野线。北方诸地是为准噶尔（Dzungaria）高原，北界直抵西伯利亚的极南边，也是一个肥沃的大山谷。因为气候特别潮湿，平原山谷概宜于畜牧，所以自古以来，从匈奴人起，以迄于突厥人、蒙古人，此地都曾引起游牧民族极大的垂涎。

天山屏障虽绵延不断，然而各处间有通道，一年间大部分的时候可以容人骑通过货运往来。所以北方游牧的邻人，仍然有机会向南方的腴壤和商道加以侵略。

吐鲁番低地方面可以从广大的焉耆山谷中裕勒都斯（Yulduz）高原牧地里长驱直下，自古以来游牧民族寇略塔里木盆地的东北隅都以此处为入寇的大道。更向西去，库车（Kucha）和疏勒（Kashgar）大沙漠田的情形正是相同，一样免不了横越天山过来的攻击。

现在放过围绕塔里木盆地的大山不谈，转过来把盆地的本身考察一番。盆地面积的广阔，从下面的事实可以得到一个适当的观念：盆地自西至东直径在九百英里左右；最宽处足够有三百三十英里。面积既是如此广大，显著的情形又是那样的均匀，所以此地所表现的几种地带很容易作一鸟瞰，加以简单叙述。其中最大的是为纯粹沙丘的一大片中央沙漠，普通称此为塔克拉玛干（Taklamakan）。

发源于昆仑雪山的无数河流，除去和阗河以外，没有能深入塔克拉玛干大沙漠的，就是和阗河也只有夏季的几个月。所有其余的河流一离开沙漠田或同河流毗连的沙漠植物生长地带以后，或者较远或者较近一点，便都没入"沙海"之中了。但是在有史时期以内，有好几条河流的河水一定是北流到很远的地方；我在塔克拉玛干大沙漠中所发掘的几座古代遗址，很足以证明此事。

这些发掘使我熟悉了这一片大沙漠性质中最显著的整齐性，这大约要算地球上所有沙丘掩覆的荒地中最可怕的了。行人无论是从腴壤田地的边沿或者河床旁边丛林带上进入沙漠，最初经过的总是沙漠植物地带，这些植物大部分是红柳、野生的白杨以及芦苇之类，生长在低下之流沙中间。这一带最特别最有趣的形态是红柳锥，圆锥形的小丘常常密密层层地聚在一处。流沙绕着红柳树迟慢而有定地堆积生长起来。起初很低，经过若干百年常常堆积到五十英尺以上。再进入塔克拉玛干沙漠，沙丘上便只有皱缩发白死了已经很多年代的树干露在外面，沙锥上即或生长有红柳树，也是连树尖也已经死去很久的了。到后来连这种情形也看不见了，只有荒凉的沙堆，堆积成岭，有时竟高至三百英尺以上。

所有很多肥沃的黏土，被风剥蚀，遂成为组成沙丘的材料。一年中大部分的时候都有烈风吹越沙漠盆地，特别是从东北方面，只要有一点儿地面不为沙丘或沙漠植物所掩盖，柔软的黏土地面便常常为风所刮去了。

此外我在将来还有机会指出沙漠中各古代遗址，所有的居室以至于古代果圃园亭的残迹，常常位于一种岛屿式的台地上，比附近风蚀了的荒地为高。残败的颓垣与夫倒下的树干此时足以防止土壤的风化，因此保存了原来的高度；四围的地方挖去以后，于是愈变愈低。

塔里木盆地中间人类可以长久居住的地方只限于塔克拉玛干大沙漠和周围大山脉之间一小片沙漠田地带。由于极度干燥，此等地方的垦殖只有完全依靠沟渠以资灌溉。因为同样的大气缺乏水分，畜牧也严格地限于河畔狭窄的丛莽之间。此事可以说明为什么两千年来先后占有天山北面斜坡的乌孙、塞种（Sakas）、月氏、匈奴、突厥以及蒙古诸民族，虽然常常寇抄塔里木盆地诸沙漠田，迫其臣属，但是绝不横越山岭，永远占有其地。

他们自己既然享有或者占领了广大的牧地，这些资灌溉为生的沙漠田里面垦殖者勤劳逼仄的生活，自然不大能引起他们的注意了。

塔里木盆地里边的垦地同所有绝对的沙漠面积相比，真是微乎其微。盆地里的绿色沙漠田仅仅是代表沙漠的黄色和浅棕色画布上的些微斑点。因为气候干燥，所有这些沙漠田地之上的形态都呈现一种显著的整齐性。无论在何地带，行人到处可以看见同样的小麦、玉蜀黍和棉田，微呈台状以便灌溉；同样的曲折小道，两旁植着白杨垂柳；同样的园亭或者果圃，出产和欧洲相同的丰富的果品，并有很好的树荫，足以诱致行人。

塔里木盆地的东头还有罗布洼地，待我们去考察。这一块低地中央最奇特的地形是盐块堆积的海床，据我们的测量，自西南至东北足足有一百六十英里，最宽处在九十英里左右。这表明史前时代此地为一咸水海，当中亚气候尚未干燥的时候，容纳塔里木盆地的水流。在二千多年以前中国人初次知道此地，此处情形之可怕即已同现在一样。但是现在同干海西北相毗连处还有一样无生物的地方，在那里的现在受着极厉害的风化作用薄薄盖有一层流沙的黏土地域上面，仍然可以看出很显明干涸了的河床痕迹来。我们的测量已经证明这是属于已经干涸，意为干河的古代库鲁克河（Kuruk darya）三角洲。西元前后一世纪左右，这一个三角洲带了灌溉焉耆河谷的宽车河（Konche river）和塔里木河的河水，向着当时一部分有人居住的古楼兰前进。近几年来水道方面又起了很大的变动，这些河水重复流入荒漠中一大部分的地方了。

自从斯文·赫定博士首先发现楼兰的一个故址之后，又发现了很多的遗址，得到丰富的考古学上的东西，足以证明库鲁克河流到这里，在西元后第四世纪的初年，这里还有一个古代的终点沙漠田。经过这一片当时曾有人烟的地方，横越外边干海的崎岖难行盐质地面，即为古代中国经疏勒河河槽以入塔里木盆地的通路。在本书后面一章里我还要说到现在这一片绝对无生命的地方可怕的情形，以及我们考察队追寻古代横越这一片可怕的沙漠大道时是如何的困难。

这条中国古道横过楼兰东边的盐质海床，然后东北向转到一处河谷形的低地。由此越过一四周都是奇形怪状的风蚀土台地的干湖床，以至疏勒河盆地的下游，疏勒河的三角洲以及终点的沼地都在此处。

疏勒河盆地除去敦煌和其他的一些小沙漠田之外，都无居人，我们毋庸久留；此地从东到西虽有二百二十英里左右，而自有史以来天然形势却是极为整齐一律。此地南有高山，北临大漠，而为从中国西北以入中亚细亚的天然走廊，所以甚形重要。在本书后面一章里我还要说到我如何发现考察那些用以保护这条走廊的古代中国废塞和边墙。

离开疏勒河盆地外为中国中古时代长城门户的嘉峪关，我们到达已经说过的无水地域的东端。此地从东南面甘州河源头和太平洋分水界地方以伸到沼泽的湖床，汇合肃州河和甘州河水的额济纳河即止于此。

从南山山脉极北端因有太平洋的水汽而富于森林的河谷，再往下去，我们遂到沿着山麓高度达五千英尺至六千五百英尺的一大片肥沃的冲积扇形地带。因为地形的优越，所以此地自古以来就成为中国同中亚细亚之间一条很重要的陆道。

第二章
中国之经营中亚以及各种文明的接触

　　要用兵力保护沿南山北麓一带新征服地域的需要，不久便确定了。然而中国方面并不是没有准备。当第一次征服这条自然的大"走廊"之后，便即刻开始沿路建立屯戍，并把秦始皇帝所建以防匈奴的万里长城向西边延长出去。

第二章 中国之经营中亚以及各种文明的接触

在这一大块地域里，几有一千年光景，在重要的历史过程中所演的重要戏目只是远东、印度以及西方的文明彼此交光互影的故事。我们谈到前一章所说南山北面的那一条陆道，对于这一大块地域可算是考察终了。今为好好地了解这一个大过程起见，先将此地政治方面重要的历史约略叙述一番。古代这些重要的现象，有正确可靠的中国历代正史作为我们的根据，这是很可称幸的。

汉朝为要防备蒙古方面匈奴人的入侵，经过好几百年的努力，到了武帝（西元前140年—前87年）方始征服了南山的北麓。这一段故事可以张骞之出使中亚来作开场。大约在西元前138年，武帝派张骞出使于后来成为统治印度西北部的印度斯克泰种人（Indo Scythians）的大月氏，希望他们帮同攻打那些为中国世仇的匈奴人（这些人后来还要在欧洲历史上出现，称之为Huns）。这些强劲的游牧部落，结成一个大联邦，从蒙古方面向中国北边侵略，已有了好几百年之久。月氏人也就是在张骞出使之前约二十年，为匈奴所逐，离开南山北麓故居，远远地向西方移殖，于妫水旁边今日布哈拉（Bukhara）地方建立了一个新的国家。张骞出使经过了许多艰辛困苦，并一度为匈奴所掳，囚居十年，但是终于达到月氏。月氏人拒绝回到故居，去向匈奴复仇。张骞出使的直接的目的算是失败了，然而中国同本土文明以外的世界，在经济同政治的关系方面，却另辟了一个新的时代。

张骞在外国整整十三年，后来取道塔里木盆地复返中国，出国时同行有百余人，归来时余下的只有一个同伴了。他回来以后，对于他所经过的中亚诸国，内中西方诸国如现在的费干那（Farghana 大宛）、撒马尔干（Samarkand 康居）、布哈拉以及巴尔克（Balkh 大夏）等富庶的地方，以至于更远的地方如波斯、印度等处，都有确实的报告。中国之知道环绕边陲的蛮夷以外还有很开化的民族，要以张骞为第一人。以后不久，武帝便认识到为通商上和军事上的援助起见，同这些民族交通甚为重要，加以国内经过这一位英主的努力已很巩固，于是更促其经营发展之意。

在开始这种政策显明的目的是要从塔里木盆地求一通路以达妫水区域那一片广大的地方。那时由中国到西亚有居人的地方以南山北麓为天造地设的大道，却为匈奴人所据，以致阻而不通。中国人的努力就在抵抗此辈。武帝不断地努力，在战争方面算是得到报酬了。经过几次的胜战之后，相当于现今凉州、甘州一带的地方遂于西元前121年脱离了匈奴的统治。最后匈奴人被迫退归沙漠以北，到西元前115年，这一带新收来的边地乃由酒泉（今肃州地方）为之管辖。

沿着大道以向中亚的军事进展之外，中国并急遽派遣政治的使节赴塔里木盆地内外的诸国，远者竟及于巴克特里亚（Bactria 大夏）和波斯（安息）。这些使节的用意在使各国知道中国的国力和富庶。这些使节所带的中国土产之中自然有著名的很好的丝绸等物，自此以后丝绸遂由安息向叙利亚以达于地中海，号称"织绸人"的中国人的声名，不久就达到希腊同罗马文明的大中心城市了。中国这种丝绸贸易，在经济上的重要是很容易认识的。此后有好几世纪，丝绸还是一种娇贵珍重的专利的出产。

中国向西发展的急先锋由皇帝授以"大行"之职，于西元前115年第一次奉使归国后大约一年光景便逝世了。但是从他凿通以后，交往日益繁盛，"使者相望于道"往往达数百人。

为着中国国内出产发达的利益起见，最要紧的是利用这新开的道路以为中国的制造品，特别贵重的是丝织物，求得新的市场。汉武帝所发动的向西发展大运动，于政治的目的而外，还有与贸易有关的经济的价值在内，这在中国史籍上有很多的事实足以证明。但是邀约好战的月氏和天山北面的乌孙民族以击匈奴的思想即使没有，而因新同西域交通所引起的烦扰也足以使中国政府即刻在政治同军事的发展方面采取同一的方向。其后不到几年，中国使者在塔里木盆地便遭受了严重的烦恼的经验，那些地方各小国的臣民同酋长往往断绝使者的给养，用意显然是在趁火打劫，再不然便是向他们直施攻击。更坏的是天山北部匈奴的势力仍未破灭，那些可怕的小组骑兵在楼兰等处往往"遮击使西国者"。

因此要用兵力保护沿南山北麓一带新征服地域的需要，不久便确定了。然而中国方面并不是没有准备。当第一次征服这条自然的大"走廊"之后，便即刻开始沿路建立屯戍，并把秦始皇帝所建以防匈奴的万里长城向西边延伸出去。

古长城之向西延长，最初的用意自然是保护新开的通中亚的大道。秦始皇的长城纯粹是一种防御的性质，这同我们所熟知的后来中古时代的中国城墙一样；但是汉武帝的长城用意乃是作为大规模的前进政策的工具。这种同古代罗马边陲长城制度（Limes systems）的相似是很可惊异的。我在本书后面的一章里要说到我所考察发掘全长不到四百英里的中国古代这种很有趣的长城遗迹。

事情的进行是够快的了。在历史上为着贸易的利益和文化交通的和平侵略而需要政治的力量和军事的行动以为维护，那是数见不鲜的。用国旗来保护贸易并不是稀见的事。中国经营中亚政策的开始，即确定了他们为着贸易的利益起见，其于今日的"俄属突厥斯坦"一带广大肥沃的地方，看得比塔里木盆地散漫而又比较狭小的几处沙漠田更为重要。但是中亚西部这些地方同中国相隔太远。后来大宛人对于中国使者不甚尊敬，于是不能不需要保护。到末了，中国所派为皇帝索取在当地驰名的良马的使臣也被他们劫杀了。

为着保护中国的声威起见，对于此事不能不予以惩罚，西元前104年遂遣一远征队讨伐大宛。这一次的末了是完全失败了。大军横越盐泽（即今日干涸了的罗布泊）途中艰苦万状，便已筋疲力尽，余众未到大宛以前，给养便已罄尽了。到了大宛围攻一城，遂致大败而回。归到敦煌，据说所存者"士不过什一二"。为报复这样的奇耻大辱，遂倾全国的物力从事再举。西元前102年中国命将军李广利再出敦煌，领兵六万人，并辅以庞大的辎重队和粮台。

此刻中国方面灵敏的组织力战胜了一切天然的困难。李广利率三万人直捣大宛国都，即足以得到胜利降其国民。中国声威因此大振，塔里木盆地各小国相率称臣于汉。自此以后中国之管理这条自然的大道，益以塔里木盆地中间绵连的腴壤，实际上力量不断者在一世纪以上，一直到西元初中国内乱，前汉告终为止。

中国的统治之所以能维持这么长久，与其说是由于武力，还不如说是由于帝国派在这些地方的政治代表外交手腕之运用得当，以及中国优秀的文明的力量。从古代著作屡屡提到有名的"丝织品"（Seric fabrics）而言，我们可以知道中国这些工业的出品那时正是滔滔不绝地向西方输去。中国那时一定也捎回不少外国所出自然的和制造的事物，特别是"东伊朗"（Eastern Iran）地方的出品。西方事物之传入，在中国古籍中都可以很明白地追寻出来。

据在塔里木盆地诸古代遗址考古发掘的结果看来，此地在伊斯兰教侵入以前，文明上的特征乃是由中国、波斯以及印度三种文化势力混合而成的一种产物。这种混合的开始一个阶段，可以确定地说是同中亚交通在同一个时期。现在所得那种文明最古的遗物都不能比此地所得还早。但是我有许多理由可以相信当中国同西域最初交通之始，住在塔里木盆地沙漠田中的那些人民，同我们从西元后三世纪时废弃的遗址中所找出的那些用另一种印欧语（Indo European）的人是同一种民族，用同一种语言。

在那种分外干燥的区域里，因为气候的情形，只容许比较大的团体靠着组织极度严密的灌溉制度才能生存。这种依靠秩序统治的定居民族特别适宜于吸收和传达从远东以及西方来的文化的力量。而在别的方面塔里木盆地的地理似乎也是单单准备作这一件主要的史事之用。昆仑山和天山之间的一大片土地，既不能用作牧场，大自然也予以保护，不使其成为大移民运动以及因移民而生的一切变乱的舞台。

北方的匈奴仍然是一个危险的邻人，封锁了天山北麓的大道。但是到了西元前60年中国人自身也已占有了突出的小小吐鲁番盆地。在天山东部的南端前一块开垦得很好的地段，因此使塔克拉玛干大沙漠北部经过沙漠田的大商道获得了很重要的保障。

此外沿着盆地南边经过且末（Charchan）和和阗的另一条交通路线，因为有高峻的昆仑山，尤其是相近的荒凉不毛的西藏高原，足以防止游牧人侵寇的危险。一直到西元后八世纪以后，西藏从一些散漫的野蛮部落崛起而成为一个中央集权的军国之后，"东突厥斯坦"的这一面才有过受侵略的经验。

如若我们要明白中国人之所以去突破通过罗布沙漠的那些天然困难的理由，我们就应该先知道中国人如要向西方通商以及政治扩展，在安全的通路方面，塔里木盆地实在是特别重要而且方便。1907年同1914年冬季的发掘使我能追寻出汉武帝横过这些可怕的流沙石滩以及盐泽，经营西域的那条大道。在本书的第八同第九两章里就要叙到这些发掘，在那真正的禁地所得的一些有趣的发现，也要予以较详的叙述。

至前汉末叶哀平两帝之时。正当西元前后之际（西元前6年—西元5年），中国内部变乱相寻，于是中国同中亚的交通也第一次受到了阻碍。此后中国在塔里木盆地的统治力日趋微弱，据《后汉书》说，后来"西域分为五十五国"。自塔里木盆地委诸匈奴者大约十年，最后中国为保护西北边陲不受匈奴寇侵起见，不得已恢复其向中亚的前进政策。

第一次运动始于明帝，时在西元73年，打算一步就占领哈密，直接的目的在对付匈奴。哈密沙漠田是军事上一个重要的地方，为经过吐鲁番洼地沿天山东麓的"北道"锁钥。这是进入塔里木盆地最容易的一条路，可以避免横越天山的游牧人的攻击。但是中国方面第一次的努力失败了，直到十三年以后，哈密始入于中国人之手。

那时候塔里木盆地复成为历史上的大舞台，到末了，中国又一度保有了这一大块陆地。其时努力于中国的中亚政策者是为军人而兼大政治家的班超。他经过几次有名的事变之后,帝国的声威在全塔里木盆地又树立起来了。他从罗布泊方面的旧沙道开始,逐渐战胜了和阗、莎车(Yarkand)、疏勒等地的酋长,这大部分是由于他的胆气和手腕,而不全由于兵力。班超的秘诀,就是他告诉明帝的一句话:"以夷制夷。"

自从班超得到胜利以后,中国的政治力量向西扩展,竟远达帕米尔地方以外。同安息有了外交的关系,西元后97年又曾遣使直接与大秦(今叙利亚地方)通交,这次的使节似乎曾到达波斯湾头。西元后102年,班超年已衰老,遂荷着帝国的光荣回到辽远的国都来,就在那里终其残年。而中国在中亚的声威到此时也可说是达到顶点了。大约也就在这时候,马其顿商人狄兴努斯(Maës Titianus)的商业代理人曾穿过那一称为斯克泰外伊摩(Scythia extra Imaon)的塔里木盆地,叙述商队将辽远的丝国(Serikê, or the land of the Seres,即中国)所产的丝带到西方所经行的大道的报告即出于狄氏,由狄氏以传到推罗的马利努斯(Marinus of Tyre),由马氏以传到亚历山大里亚城的地理学家托勒美,我们今日由托氏书中始能知道一点梗概。

此后因为匈奴的寇侵以及各地的叛乱,适宜于和平交通的情形不久便开始改变了。其时汉朝在西域的声威因为国内积弱日甚,逐渐衰落,到西元220年,汉朝卒归于灭亡。那时从印度洋到红海的海道已通,于是对罗马帝国的丝绸贸易遂一天一天地改趋于海道。

到了三国鼎立,天下纷纷,中国对于整个塔里木盆地的统治是不能够维持了。但是西域诸国同东西两方在文化以及贸易方面的交通显然还没有断绝。我曾经发掘过两个很有趣的遗址,在那里所得到的遗物就很足以作我的证明。我所说的古代遗址即指尼雅(Niya)河尽头的沙漠中以及环绕古代中国在楼兰的屯戍的遗址而言。在本书的第五、第六、第八诸章中,对于这些地方丰富的发现中所表现有趣味的生活以及统治的情形,可以有机会作更详细的说明。在这两处遗址里,我都曾得到证据,足以证明中国之占领这些地方大约到西元后第三世纪为止,此后便完全绝迹了。

尼雅地方当时的生活情形，尤其容易推想出来，地方官吏以及富人所居精细的建筑，残余的制作精美的家具，雕刻得很美丽的木质装饰艺术品，以及其他，都显出一种发展得很高的文明。当地的工艺品更明白地显出一种从"东伊朗"以及印度西北边传来的很强烈的希腊影响。

所得有关于佛教的物品，这可见佛教在那时塔里木盆地一般可怜民族的宗教同知识的生活之中，已确实占有很显著的地位。这种强烈的印度文化影响，在附近一座颓败了的遗址同垃圾堆中所得到的许多文书里也很显著地反映出来。在尼雅废址我曾发现木质简牍几百片，内中大部分是公牍、契约、账簿以及其他杂物之类，全用梵文和佉卢文（Kharoshthi）字体写着。这都是西元前后一世纪左右印度西北边陲同邻近阿富汗的地方所流行的文字。

从这些遗址，我们几乎可以把那时生活的物质方面清清楚楚地推想出来。果園同葡萄园中死去了一千六百年的一切东西，至今还可以认得明白。此外如篱笆，如建筑用的材料等，都显然指出这些地方种植以及气候的情形同现在塔里木盆地中位置相同仍有人住的腴壤正是一般无二。

这些遗址在当时也同塔里木盆地中现在的腴壤一样，所有种植，一定完全靠着灌溉。古代气候若不是已经极其干燥，那些堆露在室外而又易于破碎的许多东西，是不会几乎完全无恙地保存至今的。塔里木盆地其他古代废址的考古发掘也正显出同样的情形来。放弃此等地方以前不久的气候干燥情形，在实际上从那时候起一直至今，必然是一样的。

这种普遍而重要的事实，对于地理学上重要而讨论得很多的所谓干涸（desiccation）问题，有直接的关系。这一个问题过大，在此处只能稍为提到，不能详细讨论。这就是：一千六百年的气候情形，若是同现在一样的干燥，这两处古代废址以及其他地方自从放弃以后，便成为完全不能种植，应该要如何去解释呢？

就塔里木盆地的解释而言，我相信是由于种植所完全依恃的河流水量减少。而河流水量减少最近似的原因可以说是因为高山上为河流水源的冰河日渐缩减。至于冰河的缩减,只有像卜拉德爵士(Sir Sidney Burard)和冯非克教授(Prof. Von Fickex)的假设,以为冰河所含大量的冰,乃是末一次冰河时期的遗存,自从那时以后,经过温和的气候情形,慢慢地逐渐地继续减少。那种可以称为"化石冰"(fossil ice)的消耗,便很足以解释有史时代中整个盆地的气候没有受显著的变迁,而灌溉的水源何以减缩了。

塔里木盆地在地理上既有走廊的功用,如今将这一块地方在后来中亚史上的经过再为略考如次。我们对于这一部分的历史大约有三世纪已是实在不甚了了的了;中国在这一方面的政治统治既归消灭,我们对于西域可靠的主要材料也随而枯竭。其时中国内部分裂为若干对立的王朝,有些并是异族。而在第四世纪时,匈奴人也开始他们西徙的大运动,后来他们竟至浴马于多瑙(Danube)、莱茵(Rhine)、波(Po)诸河。过了一些时候,整个塔里木盆地,以及北部同西部一大片地方,大约有一世纪都处于匈奴的别支之下,这即是西亚所称一号白匈奴(White Huns)的嚈哒人(Hephthalites)。

无论是外族的统治,或者在此以前内部互争主权的一个时期,对于脾壤中根深蒂固的中国文明似乎没有严重的影响,此外也不足以阻止那一面从伊朗极东部和印度缓缓流来的佛教教理文学以及艺术的力量。这样建立的宗教和知识的密切关系,从那时经由中亚以向辽远的印度参拜圣迹的一些中国僧侣的行纪里,还可以反映出来。

到了第六世纪中叶,沿着天山向西迁徙的游牧民族移民潮流中又起了一次新的波动,时缓时急,终之突厥部落完成一个大的团结,于是以前为嚈哒人所统治的地域,至此俱一时屈服于此辈之下,这在中国史籍上是为西突厥人。西突厥也同"东突厥"一样,为中国边陲之害甚久。到西元589年,中国始由三百年分裂之局复合为一。

到西元618年,入于中国伟大的唐朝,中国国势又逐渐巩固。唐代起初对于西北的进取,采取一种严格退守的政策。但是不久便转而改采大规模的前进政策，于是唐代在西域的声威，逾越前代者在一百年以上。西突厥的势力因为中国外交政策之纵横捭阖，部落离心，已经衰弱。哈密同吐鲁番都先后脱去了突厥的羁绊。到西元660年，遂最后被唐高宗击得粉碎。自阿尔泰山以迄于兴都库什山以外的一大片土地，于是由西突厥转入中国之手。

但是中国继承西突厥所得的一片土地，经过一些时候之后，便证明是祸乱同衰弱的源泉了。中国在"四镇"的戍兵不仅要保护塔里木盆地的沙漠田，并且还要顾到天山北部的地方。这是游牧民族最好的牧地，其时突厥人犹飙忽往来于阿尔泰山同天山之间，因此常受此辈的侵扰。加以那时西藏人已急遽发展成为新的武力，他们的压迫成为更严重的危险。

到了第八世纪中叶，除去南面西藏人的压迫而外，阿拉伯人的不断进展征服了妫水盆地，于是西方又感受到一种新的危险。西藏人努力想同阿拉伯人携手，以共同抵抗中国在中亚的优势。突入印度河流域以后横越现今吉尔吉特（Gilgit）①和雅新（Yasin）的兴都库什地方。他们真的达到妫水流域最上游处。塔里木盆地的两翼向东西伸张，因为西藏人同阿拉伯人的联合，于是威胁到中国在那里的地位。为努力挽救这种严重的军略上的危险起见，乃有西元747年中国大将高仙芝横越"世界屋脊"帕米尔同冰雪皑皑的兴都库什山达科特（Darkot）②山口的奇异的远征军之举。我在本书第三章、第二十章对于中国这一次可纪念的伟绩还要详细地加以叙述。此事最可以证明中国人能用严密的组织以战胜可怕的地理困难的能力。

高仙芝的远征对于中国军威增加甚大，但是仍无补于他两年后的惨败。塔什干城（Tashkend）附近的一战，高仙芝完全为阿拉伯人及其同盟军中途背叛唐朝的突厥人所败。西元750年左右，西藏人从南方北侵，占领了敦煌和南山麓的一段地带，将塔里木盆地同中国所有的直接交通截断。然

---

① 唐代称为妫夷水。——译者
② 唐代名坦驹岭。——译者

而塔里木盆地里边的中国官吏同戍军虽处于孤立之境，仍能孤军奋斗，维持了四十年——这在历史上真是很英勇而又黑暗的一章。

唐朝的统治消灭以后约四百年，这在塔里木盆地的历史上大部分是一个黑暗的时期。我们知道西藏人之统治此地不到一百年，而塔里木盆地西部疏勒以及其他各沙漠田归突厥酋长统辖以后，伊斯兰教也因以传布了。自第十世纪中叶以降，一方面由于武力，一方面由于宣传，佛教教理和佛教文化俱逐渐归于覆灭。

然而在东北部，以及突出的吐鲁番地方，佛教仍然继续发扬，此外因为回鹘酋长的保护，摩尼教同景教在那里也同时发达。因为这些酋长的见解卓越，以及在各方面所表现的突厥种族之融合被征服民族更进步的文明的能力，"东突厥语"之能至今犹通行于塔里木盆地各处者，其故应由于此。然而那里的人民大部分至今仍保持阿尔卑斯种型（Homo Alpinus）的一式，帕米尔地方操伊朗语的山民尤其纯粹，西欧方面也有，真正的突厥血统中只有些微的掺杂。

在西元后第十到十二世纪的那种政治情形之下，很难使人相信塔里木盆地还能像从前一样，为西亚同中国文化交流的一个重要通路。自唐代衰微，宋朝继起，中国之于中亚虽非极端的退守，也只能为消极的抵抗。

西元后十三世纪初期的二十余年之间，在成吉思汗的指挥之下，蒙古忽然兴起，于是全亚洲的政治情形都大大地起了变化。到西元1227年他死于甘肃的时候，他的惊人的征服事业已把从黑海以迄于黄河一带的国家都放在蒙古"大汗"直接统治之下。成吉思汗去世后，后继诸人继续努力三十余年，于是将全中国统一于蒙古王朝之下，其支裔则建国于中亚全部，远至波斯，同东欧的大部分地方。整个亚洲既建立了一个统治者，于是中国近东以及欧洲直接交通同贸易的道路又因而重开。

天山南北的商道畅通无阻者约历一世纪以上。那时欧洲寻找辽远的契丹（Cathay）的使节商人以及旅行家对于他们所曾经过的这些道路都有所记载，流传至今。而这些记载之中，说到事实的正确动人，再没有能胜过中世纪最大的旅行家马可·波罗（Marco Polo）不朽的记录的了。

马可·波罗到中国，正是蒙古忽必烈统治最盛的时候，马可亲睹其事。忽必烈死后不到一百年，内乱频仍，蒙古一朝因而倾覆。明朝代兴，在甘肃西北边采取一种禁遏贸易的严格退守政策，防止蒙古人重新入寇，便即欣然自足。

海道使用之于中国，经阿拉伯人大加发展，到了葡萄牙人第一次远航印度而更形重要，古代中亚大道对于西方贸易的重要遂因而剥削无余。但是到十七世纪终了，天山北部的蒙古部族准噶尔人兴起，于是新兴气盛的清朝不得不再度进入亚洲的腹部。约在1755年之际，清朝乾隆大帝大举讨伐，全部塔里木盆地同北边的准噶尔最后又直接归入中国统治之下。像汉唐一样，原属纯粹防御的政策，结果使中国扩展至于广大的中亚，以及于帕米尔和阿尔泰山地方一带。

一直到今日，中国内部虽是日渐衰弱，十九世纪的末叶回民（Turgan 东干）也一度叛乱，然而中国之统治此等地方依然如故。原因由于历史上中国的中亚边陲第一次同那些文明列强如旧俄帝国之属疆界毗连，那些国家能够辖制边民同禁止游牧民族迁徙。俄国暂时占领伊犁同肥沃的伊犁河谷，于是便利了1877年之再度征服新疆，而塔里木盆地在十年之内，最初沦于无政府时代，后来又为篡窃"西突厥斯坦"的阿古柏（Yakudheg）的虐政所苦。

天山同昆仑山之间的一线沙漠田，现在已经不当贸易的大道了。勇敢容耐的骆驼在那里运输货物，大体上同张骞与马可·波罗时代一样，至今还没有汽车同火车来代替。中国过去为中亚一列强的古代传说，仍足以保护那处的和平。他们以后之同比较不大保守的近年来富有经验的紧邻"俄属突厥斯坦"所发生的扰乱和苦痛，是否能够排除困难，还需待着将来。

第三章
越兴都库什以至帕米尔同昆仑山

　　四十五年前我开始服务印度的时候,最足引人注意的帕米尔边地,灿烂的阿尔卑斯山一样的克什米尔风景,真是我的生命中特别的嘉惠,乃是最适于我的兴趣同性格的学术研究和工作的发祥之地。

第三章　越兴都库什以至帕米尔同昆仑山

当历史时期，尤其是佛教时期，"中国突厥斯坦"竟成为文化、宗教、种族以及语言各方面的势力汇合的场所，而在废址遗物上面所表现的影响没有比从印度那一方面来得更为明白清楚了。几乎在一切的证物上面都有很好的理由可以相信这些影响，是正在西元之前以及其后几世纪，直接或间接从为佛教崇拜和宣传大本营的印度西北部发出来的。这一块介于印度同伊朗极东部之间，古代征服印度必首先取此的地方，从我幼小的时候，便引起我最大的幻想了。

四十五年前我开始服务印度的时候，最足引人注意的帕米尔边地，灿烂的阿尔卑斯山一样的克什米尔风景，真是我的生命中特别的嘉惠，乃是最适于我的兴趣同性格的学术研究和工作的发祥之地。在这里我曾费了好几个假期从事于考察古迹的旅行，从事于考证古梵文史籍中关于克什米尔历史的研究。后来我还曾花了较长的时期，在海拔一万一千英尺的高山上扎帐篷露宿，对于发掘的结果刻苦工作，其后引我向更北较远之处。这种和平而与世隔绝的高山生活经过好几年，于是使得我把克什米尔的帐篷竟真当成我的家了。

一方面因为克什米尔的地位，一方面也因为我在那山地里住过，于是我所有的几次中亚探险队，当然都以此地为出发点了。兴都库什高山是喜马拉雅山的西端，帕米尔方面的印度河河谷同"中国突厥斯坦"的西南界即以此为水分岭，我每遇机会，便留意想在那里另寻一条新路。三次旅行经过那样荒凉而伟大的喜马拉雅山的西部，留下了最动人的回忆。

1900年的第一次探险队，从克什米尔到中国领土，所取的是经过吉尔吉特和洪查（Hunza）那条路；洪查是一山道，景物极为雄伟。1891年洪查和那伽尔（Nagar）的酋长归服英国，自此以后其地遂见知于世，在那时候为通吉尔吉特起见，因建造一条很好的驴道，以为在那里驻扎一小队英帝国戍兵之用。1913年的第三次探险，我于是取道于此，并游历了欧洲人以前从未到过的达勒尔（Darel）同丹吉尔（Tanger）两处山地，然后取道于塔格敦巴什帕米尔（Taghdun-bash Pamir），经过冰雪皑皑困苦万状的山道以入中国领土。而在我看来，历史以外并富于地理的同人种学兴趣的路，即是1906年我于第二次探险所取的路。所以先取此路加以叙述，以引起读者对于我的中亚考古的兴趣。

这条路因为政治的原因，平常是不许欧洲的旅行家通过的。我从印度边区西北端的白沙瓦（Peshawar）县取此道经过斯瓦特（Swat）同狄尔（Dir）土人部落以入吉特拉尔（Chitral）的达得（Dard）地方。由妫水上游同阿富汗属帕米尔可以横过巴罗吉尔（Baroghil）山口。我那可痛的故上司丁涅大佐（Colonel Sir Harold Deane），那时是西北省（North-West Frontier Province）的省长（Commissioner），也积极赞同我的计划，恰好政治上也呈祥和之气，于是阿富汗有一部分地方本来是守护得很严，至是也蒙故阿富汗王阿迷哈比布拉（Amir Habibullah）钦允，因而得以迅速通过，这是我所意料不到的。

四月杪是向北横越雪岭一个最早的时期，我的小队人马便开始趁时开动了。我所主持的三次探险队，内中都只有印度助手。印度测量局（Survey of India Department）对于我的地形测量工作，自始至终援助到底，屡次派他们最好的本地调查员随行，如雷兰生（Rai Ram Singh）即曾参加我的第一次探险队。次之为奈克兰生（Naik Ram Singh），是孟加拉皇家工兵队第一队（K. G. O. First Bengal Sappers and Miners）的伍长，受过很充分的专门训练，帮助我的地方真不少。哲斯范生（Josvant Singh）是从康格拉（Kangra）来的一个瘦长结实的拉吉普特人（Rajput），在我屡次的旅行中，都替调查员当厨子，也包括在队伍之中，我愿意我能有这样一个靠得住而又态度温和的印度随从永远帮我的忙。所惜他的阶级过高，不许其为欧洲人服役，我自己的厨子不得已只好请一位回教徒的印度人，说到这一位的技术同个人品性方面，比之哲斯范生，未免逊色了。

我之所以喋喋不休，是因为我几次的探险队，内部人员大都无所变动。到了中国的领地以内，为着正当范围内的工作和组织到沙漠中考古的运输队，自然得增添当地的驮马和驼夫。在这些土人中间，我也找到一群可靠的人。就我所有的设备如科学器具，如照相机、玻璃片，以及少许维持两年半工作所不可缺的东西而言，在出发时有十四头骡子来载运全部行李，当然觉着满意了。

4月27日从保护马拉甘山（Malakand Pass）以及通斯瓦特河谷的碉堡出发。自从1895年通吉特拉尔的重要军路第一次开通之后，马拉甘和以外的河谷遂成为土人激战之场。我的旅行不仅要去到辽远的地方，并且也要追溯很古的年代，所以此地是最适宜的出发点。二千二百年前亚历山大和他的马其顿人以这些地方为第一个阶级，从此经过以征服印度。此外还可以看见显示古代文明的佛教寺院，这些寺院当最后用希腊传奇人物铸到货币上的那些统治者不复能领有土地以及保护佛教圣迹的隆盛而后，便也归于湮废了。

5月3日到达可怕的罗华雷山（Lowarai Pass）脚下，此地海拔在一万零二百英尺以上，我们过此，天未破晓，峻峭的岩谷，塞满了崩雪，有些还是最近崩下来的，可见本地人之劝不要向北出发过早，并非故意惊人。为着运输我们的行李，需要雇用五十个以上的土人，分成几队，以减少危险。这一个难关安全渡过之后，便能迅速地爬过深削的吉特拉尔山谷以达得洛什堡（Fort Drosh），这是印度英国驻军最北的一站。从此沿河前进有两条长路，高约二万五千英尺冰雪皑皑的提里齐弥尔峰（Tirich-mir Peak），全然在望，于是到达吉特拉尔首都，在那高峻荒凉迂曲回绕的群山之中，这是一个美丽的小沙漠田。

在此地匆匆地驻了几天，人类学一方面得了丰富的收获。吉特拉尔的土著是达得种很重要的一支，历史的古老以及种族语言之相似，都足以引起特别的兴趣。阿契美尼德王朝（Achaemenae an Empire）的时候，克特西斯（Ktesias）便已知道这一带山中有此族人了。但是因为吉特拉尔山岳高峻，屡屡地可以为这些残余的土著作荫蔽之所，使其可以存身。所以我能在此地得到正确的人类学的测量，像横越兴都库什山的那些操伊朗语的山民和卡非里斯坦（Kafiristan）的那些朴野的亡命者一样。这是卡非（Kafir）部落最后的一点残余，得力于山岳高峻，所以几百年来能抵抗阿富汗人的征服和强迫信从回教。

吉特拉尔和邻近诸山谷间因为能保持很古的风俗、习惯、工艺以至于房屋建筑的形式，所以是研究古印度文明的一个理想场所。但是因为一些有力量的实际理由，迫得我只好向妫水和"世界屋脊"那一方去。虽是匆匆地上到雅尔浑河（Yarkhun R.）和马斯杜日河（Mastuj R.），我还能趁便调查研究一些有趣味的古代佛教石刻和回教时代以前的堡垒遗迹。很奇怪的就是当地的传说往往将后来的遗迹同朦胧不清的中国入主时期连贯起来。就我在前一章所说唐代中国的势力横越帕米尔，甚至及于兴都库什山南的暂时扩展而言，在四面阻绝的山地里，这种当地的传说是极可重视的。

更有趣味的是不久我便把作中亚古代史地指导的中国正史记载的正确证明了。以前我曾说到西元747年中国高仙芝率大军入侵那时为西藏人所据的雅新和吉尔吉特两地，关于这一方面的中国史籍记载的翻译，若干年前我便已读过。那时我就假定以为高仙芝及其一万大军自疏勒出发后横越帕米尔，所取的路应是巴洛吉尔和达科特两个山。从妫水上游山谷中过巴洛吉尔以至于马斯杜日河源处，而从此以到雅新山谷，则只有困苦艰难冰川载途的达科特山口是唯一实际可以通行的大路了。

这一番伟业的路线，我自然是急于想去实地考察一番；帕米尔同兴都库什在军事行动上是一个可怕的天然障壁，数目比较不算少而有组织的军队越过此地，在记录上要以此为第一次。高山峙立，缺乏一切给养，这种军队在此如何能够维持得住，即是这一个问题，便足以把现代任何参谋本部难倒了。

5月17日抱着这种目的攀登了海拔一万五千四百英尺的达科特山口,证明这是一桩冒险的事。岭上从北来的长达几英里的大冰河,其时犹积雪甚深,下面隐蔽的满是冰罅,我们经过九小时的挣扎,才到达山口顶上。即使我们的向导,坚实的马斯杜日人和护密人(wakhi)也以为在这样早的季节,是不会通过的。在这里以及后来横越巴洛吉尔山口到达妫水流域所搜集的观察,都足以证明中国官方对于这次伟大的远征队的记载,在地形方面,每一小处都正确无误。

当我立在山顶闪光熠熠的积雪上向那直到六千英尺下雅新山谷尽头的峻坂下窥时,对于起初拒绝向前移动后来他们努力挣扎前进的高仙芝的勇敢,才能认识清楚。他们那足智多谋的统帅已经恍然于前途的险恶,因此很谨慎地安排下聪明的策划,鼓励他的部下向前开入下面的深谷之中。逾越这种天险而突然出现,便足以使雅新的占领者大感狼狈,于是立即决定了完全的胜利。至于高仙芝所用的战略,那又是一事,今置不谈。在那时我觉着可惜的是这位勇敢的中国将官竟不在达科特隘口建立纪念碑之类的东西以志此事。就所遭遇的困难而言,横越达科特及帕米尔较之欧洲史上从汉尼拔(Hannibal)以至于拿破仑同苏伏洛夫(Suvorow)诸名将之越阿尔卑斯山,还要困难呢!

两天以后,我们横越了兴都库什山的主脉,到达最低的巴洛吉尔,此地海拔在一万二千四百英尺左右。那一年的雪下得分外大,使得容易通过的隘口还积有很多的雪,情形因此很恶劣;如没有阿富汗方面的援助,我们的辎重,简直无法通过。

我自己立在妫水的源头上,循流而下便是我从幼以来渴切思慕的古代大夏的理想区域,不禁使我百感丛生。以前为图接近此地,屡逢障阻,不利的政治情形,至今依然如故。但是我从帕米尔向东行近中国边界,在那给养缺乏的护密地方,所有的帮助,都是由阿迷命令供给一切。

沙哈得(Sarhad)是妫水流域中最高的一个村落,历史甚古,在那里还有很和蔼的款待在候着我。妫水流域阿富汗边防军司令实林狄尔汗大佐

（Colonel Shirindil Khan）随带侍卫被派至此，这位可爱的老战士，在伟大的阿富汗王阿迷阿布都拉曼（Amir Abdurrahman）即位的前后，变乱纷纷之中，身经历次的战争。他对于拔达克山（Badakhshan）人民同古迹方面有兴趣的知识，竟如泉源一般，滔滔不绝。听着这位温文尔雅的老兵叙述他少年时代，伊萨汗（Isa Khan）大乱之后，阿布都拉曼其时犹能据鞍顾盼，雄姿英发，循着中亚凯旋的风俗，他助之筑叛逆之首为京观以恢复秩序的故事，好像是置身几百年以前。我真想滞留在妫水流域，再汲取一些栩栩生动的历史记载。但是因为我的队伍所受的困难，和善的护密乡民因护卫队的驻扎，粮食有告罄之虞，在那里诉苦，迫得我不能不再向前进。

循妫水而上的头两站都很危险：冬天沿河的道路为洪水所阻塞，盛夏又因积雪而尤其不通。我们的拔达克山产小马在那巉岩峭坂上上下下攀缘的灵活，真是一个奇观。屡次都得力于卫队继续的注意看护，行李才不至于坠入波涛汹涌的河流中去。

在波柴公巴兹（Bozaigumbaz）的吉里吉斯帐篷里过了很冷的一天，因此我得以趁便拜访小帕米尔湖（Little Pamir Lake）一次。此湖位于一个荒野突露的一万三千英尺高的山谷之上，为"世界屋脊"的奇景之一。这一个平坦的山谷看来好像一座山脉。上犹积雪，大帕米尔湖即以此隔断。我知道过此即是马可·波罗经过荒凉的"世界屋脊"描绘如画的那一条路。我平常所视为中国护法圣人大佛教旅行家玄奘在数世纪前自印度求法归来，也曾取此道。马可·波罗以后第一个欧洲人到过此大湖的是伍德队长（Captain Wood），他于1838年至此，我则于此次旅行之后九年，始能循着他们的旧道。

我们沿着妫水主流阿布依般阁河（Ab-i-Panja）上游的一条古道到达瓦克哲山道（Wakhjir Pass）的脚下。山道两边都是冰河，刻遵贵族（Lord Curzon）以此为妫水的真源，那是不错的。我们费力地花了一长天才越过此道，也就是越过中国和阿富汗的边界了。我们于午前三时出发，阿富汗卫队仍然驻扎在山下以防运送行李的护密人同吉里吉斯人中途逃跑。其时瓦克哲的雪还很厚，早晨温度虽低到华氏二十五度，雪仍异常松软，于是吉里吉斯种强壮的牦牛也只好卸去负载，任其落后。唯一所怕的是我们的阿富汗护卫要劝诱护密人同吉里吉斯人努力挣扎着把我们的行李渡过去。虽然如此，我们到中国境内第一站，仍是半夜，在那里找得一些燃料同干地，以便歇下休息。

塔格敦巴什帕米尔顶上是1900年我第一次所跨到的中国国土，如今我又到了这里了。从这高峻的山谷下来，据居住下方的色勒库尔人（Sarikolis）说，那里的冬季有十个月，夏季只有两个月。西元642年，玄奘久居印度返国，也曾经行此地。以前我曾循着他的足迹参拜过许多佛教圣迹，现在是并且循着他的足迹更向东去了。

我尤其感觉欣幸的是在下山的路上能确实找出一所废弃了的石堡，据香客说那里有一个奇怪的古代传说，以为古来有一位皇室的公主，从中国到波斯去，特建此堡以保安全。我在一座几乎完全荒废的石岭上所找得的堡垒，耸立于塔格敦巴什河的一条幽暗的峡谷里，今称为克则库尔干（Kiz-kurghan），意即公主堡，这在玄奘的时候，当即已久归荒废。只因天气干燥，为此古地荫蔽的城垣仍是很清楚地可以看出来。城垣用土砖和杜松枝相间垒砌而成。再向东去，西元前二世纪的汉代长城边塞，也是用同样中国的古法筑成的。

到了色勒库尔首邑蒲犁（Tash-kurghan），我又到这地方的古城来拜访一次。这是一大片地方，四围绕以石垣，中包一座倒塌了的中国堡垒，现在只是一座小村而已，然后直向东北横过约一万五千英尺的齐齐克里克（Chichiklik）以到疏勒。沿途经过穆兹塔格大山（Muztagh-ata）和其小岭。不顾沿途融雪和河水泛滥的危险，以六日行一百八十英里的急速度前进，找出毫无错误的地形上同考古学上的证据，显出这同十二世纪以前我的中国护法圣人玄奘经行此路时并无二致。

我到了疏勒，做客于印度政府代表我的老友马卡尔特尼先生（Mr. George Maoartney，今晋爵士Sir）的府上。在这里我终日忙碌于组织我的旅行队，购买驮马、骆驼等一大堆实际事务之中。因有马卡尔特尼先生的帮忙，以及他个人的力量，省政府对于我的考察才允善意看待。但是更其重要的乃是承他介绍一位中国人蒋师爷①做我的中文秘书。我学习"中国突厥斯坦"所通用的"东突厥"语土话，还不甚难，但是要好好地学习统治者所用的中文，我只恨没有充分的余暇。

　　蒋师爷不仅是一位很好的先生同秘书，并且在我的科学兴趣方面，也是一位不畏艰难的很可靠的帮手，这真是一件幸事。我粗粗学会了说中国话以后（我很懊恨的是只学得一些很麻烦的湖南官话），在岁月悠久的艰苦的旅行和挣扎中。他那永远快乐的伴侣态度，常使我精神为之一振。受过教育的中国人都天生有历史的兴趣，所以他之于考古学正如小鸭之得水一般。他是一个身躯瘦长，一生工作大概不离衙门的养尊处优的秀才，对于沙漠生活虽然感觉着痛苦与不舒服，然而仍能怡然，真令人惊叹不置。凡在腴壤中逢到中国官吏的款待，他对于所备的好东西总能有尖锐的鉴赏能力。他很健谈，他的诙谐的谈吐，每能振起全队人的精神。所可惜者，多年来我所渴望的这位精明忠实的中国同伴，现在竟永辞尘寰了！

　　6月23日自疏勒出发，我的目的是在和阗，从东南循商道走要十四天工夫。和阗是塔克拉玛干南部一个最重要的垦殖区域，自有历史以来以至现在，大约没有变动过。我第一次在这里考察，就于东北很远处沙漠里的古代遗址中找得佛教时期遗物甚多。我知道此处在有趣味的考古工作方面，资料是不会穷尽的，从那回以后，便渴想再来作一次更大的发掘。只因夏季在沙漠废址中工作，酷热难当，非到9月以后不能开始，在这期间之内，我只好把我的注意转到地理和其他的方面去。

　　我在繁盛的莎车地方停驻几天，塔里木河自群山中奔腾而出。到了莎车，大显其灌溉之用，然后由此向南流向昆仑山麓。关于种种证据以及文献，在我第一次探险的详细报告书《古和阗考》（*Ancient Khotan*）中叙

---

①即蒋孝琬。——译者

述甚详，今不备论。我们最后在和平的小沙漠田库克雅尔（Kök Yar）忙碌工作的时候，我的手中也满是关于那不大为人知道的巴克波人（Bakhpo）的人类学测量一类的资料。我们只是用完全无碍的器具去测量照相，而他们起初纷纷从栖身的高山谷里向四面逃窜，好像真的是要取他们的头颅一般。但是这种纷扰却得到很大的报酬。据收集所得的证据看来，这一小族人现在虽然像塔里木盆地中其他的民族一样，操"东突厥语"，然因处于高山之中，与四面隔离，所以仍能保有很显著的阿尔卑斯种型的体格；这一族人在古代必遍布于和阗以及和阗迤东沿塔克拉玛干的南端一带。并也有理由可以相信他们原来所操的语言大约是"东伊朗"语，像现在妫水上游护密、识匿（Shughnis）等极相近的种族所操的语言一样。据在和阗地方沙埋的废址中所得的文件证明，和阗古代的语言，也属于这一语系。

　　我们的平面测量取道外山一不甚知道的小路，7月底我始到达和阗。五年前我的第一次探险，即视此沙漠田为可爱的中亚考古的基础，至是旧地重游，不胜快慰。还有可喜的是当地"突厥"绅士，侨居此间的阿富汗商人那一辈老朋友，以及"突厥人"平常称为按办（Amban）的中国官员所给予我的欢迎。因有中国官员机敏的帮助，此后的四星期中我得以迅速地出发做我要做的工作。这是1900年我在和阗南部昆仑山脉高处调查的辅助，对于和阗二大河之一的玉陇杰什河水源的大冰河，做地形学方面更详细的工作。

　　从1900年所发现的一条路向上行横越崎岖突峙的山岭，于8月中旬到尼萨村（Nissa valley）。到后不久便急于从事测绘从昆仑分水岭下流的大冰川地图。因为气候极为寒冽，岩石分裂的现象，各处都很显著。为着建立测量站起见，我们所爬上去的峭壁，顶端全是巨大的石块堆积而成，如出第坦（Titans）之手，一万四千英尺以上更无些微杂物。从岭上滚下来的大石块几乎把下面的冰川都阻塞了。这些冰川上覆这种岩层，杂以黑色的冰河石砾，远远看来有如巨大暗黑的波涛，在宽广处突然凝化一般。又从大冰瀑和罅隙可以见出这些岩层的堆积是在那里稳定地缓缓地前进。即在此处，显露的冰面看来仍然几乎是黑色的。在鄂都鲁兀尔（Otrughul）冰河的时候，我曾在极困难的情形之下，从冰河口爬上一万六千英尺左右的高处，而远看从二万三千英尺高峰降下来的清澈澄明的冰雪，其高仍是可望而不可即。

两年后我因考察西藏西北荒凉的高原之便，得以爬上雪峰的侧面，从两万英尺高处的分水岭遥望这一座大冰河上部冰河的河床。于我之如何费去许久时候攀缘许多罅隙的冰河以达到那峰顶的侧面，以及在那里把右足的足趾冻掉，那又是一件事，不能在此赘述。

按照前一章所述的理论，冰河时代末期这些"化石"冰河的遗存，以及最近几千年来的逐渐减削，可以假定为以这些冰河为水源的河水水量，同腴壤内靠这些河流以资灌溉的水量赢缩的原因；而昆仑山上掩盖各冰河的岩层的堆积，对于此事实有重大的关系。

在一万三千英尺左右的高处，现在的喀什库尔（Kashkul）冰河末端之下约三英里的尼萨村头，便可很清楚地看见巨大的冰河堆石。自不知若干年代以来，因为很重的尘雾，有一层很厚的黄土尘，积在这些古代终点堆石上面；这种尘雾每当北风从北面的沙漠平原吹来时，我们是可以常常看得到的。只有在一万二千五百英尺到一万三千英尺的高处，水分似乎比山中其他各处为多，生有一点青草同少许有花的高山植物，使人眼目为之一新。这些山谷向下则荒凉之态大增，无荫蔽的峻岩坂明白告诉我们那里的风化进行得很快。其间全然纡曲的锯齿形峻岭同深的峡谷，在昆仑外坂各处常可看见，这很显然地指明这种风化程序，在那里也进行着。

古代紧急的时候，越过昆仑主脉曾有一路以通印度的拉达克和西藏高原，我们找寻这一条古道所遭遇的困难，我在别处也曾说到。这些困难不全是由于自然。在这寂寞荒凉的深山里所有畦一的居民是半游牧的山民以及从和阗放逐来的特选的罪犯，虽然总数不过二百，而其阻碍行人正不下于自然。所以一般人称此为喀兰兀塔格（Karanghutash），意即黑盲山，看来是很有意义的。

第四章
在沙漠废址中的第一次发掘

以前的几星期都费在和阗沙漠田之内,那时此地虽然沃饶,却仍比较荒露一点。昆仑外岭离和阗甚近,而哈喇杰什同玉陇杰什二河又发源于其间,但此际却被一年最终一次的黄尘暴风所遮蔽了。

在和阗南部的大山里很紧张地做了几星期的地理学工作以后，因为那里自然界的极度荒凉，没有机会留下历史的痕迹，于是时候一到我便回转，向沙漠中沙埋的废址去做发掘的工作。当 1900 年的 12 月间，我的第一次探险队到达和阗沙漠田，由此向北进入沙漠，我对于这种工作得到了最早的经验。那一次的观察同动人的发现足以增长识见，在我的记忆中还是很新鲜的，我觉得不能不将时间退后一步，要求这一章的读者听我将第一次考古的情景叙述一番。

以前的几星期都费在和阗沙漠田之内，那时此地虽然沃饶，却仍比较荒露一点。昆仑外岭离和阗甚近，而哈喇杰什同玉陇杰什二河又发源于其间，但此际却被一年最终一次的黄尘暴风所遮蔽了。所有果圃葡萄园带灰色的树叶被暴风吹得一扫而光，沃饶的平原上满是英国秋天那种烟雾弥漫的氛围。玄奘到和阗后所到过所述及的佛教圣迹，我都能一一考察证明，这是很满意的事。地方因为经过几百年的垦殖和灌溉，土砖的建筑物当然最多也只能有一些不成型的低土堆存在了。但是仍存有一些传说，说那些后来成为伊斯兰教先贤墓（Ziarats）的佛教寺院地方，在先原来有一种本地的宗教的。

和阗古都城的遗址，真可以确定为即今日的约特干（Yotkan）小村，此地在两河之间，在现在的县城之西七英里左右。"找宝"的村人在这里挖掘历三十五年光景，于很深的洪积层下发现埋有完全废圮了的"文化层"。奇怪的是以前的挖掘，大都是为的淘洗金叶子，大约以前有一个时候此地方得的总不在少数。据一位古代的中国僧人到此者所记，和阗都城不仅佛像，即是佛教建筑物上面，也都贴有这种金叶。到近年来，装饰用的陶片，塑像（大都为猴形），雕制的石器以及货币，也算为可以出卖的

第四章　在沙漠废址中的第一次发掘 | 039

副产品了。

　　收集这些小小的遗物，从这种遗物上考察那奇异的遗址，固然是有趣，而更其可喜的乃是当谨慎地把粮食运输种种设备弄齐以后，到12月7日，虽是冷而有雾，然而我却能自由开始出发，在沙漠中过我第一次的冬营生活了。沿玉陇杰什河而下，经过三个寂寞的埠头，在很高的沙丘中曲折行走，然后到达突出的小沙漠田塔瓦启尔（Tawakkel）。和阗的印度商人领袖（Aksakal），永远帮助我的老朋友巴鲁丁汗（Baruddin Khan）曾雇一个有经验的找宝人杜狄（Turdi）去寻古物，现在由他作向导，领我直向东北六十英里左右以外的遗址处去。他同一些别的人在和阗是属于一个倒霉的小团体，以向号称象牙房子的丹丹乌里克（Dandan-Oilik）寻找宝物为业的。

　　我此外另雇两个塔瓦启尔的猎户，名叫阿马德默尔根（Ahmad Meighen）同卡新阿兀浑（Kasim Akhun），帮我们作沙漠中的旅行。若干年前赫定博士短时间考察此处遗址，由此以下克里雅河（Keriya R.），也是请的他们作向导。他们是很好的人，以惯于游猎，所以极能吃苦耐劳。他们在出发时就显出很有用，由他们招集了三十个工人以备发掘时之需。缘于迷信的畏惧以及冬季的严寒，农人自然不愿冒险远去沙漠之中。虽然工资很高，以及后来屡次旅行中向我表示好意的和阗有学问的"按办"潘大人严令催行，仍然需要他们两人去鼓励劝诱，以战胜这种困难。

　　我自己有七头骆驼，又在当地雇用十二头驴，转运全队的行李和准备四星期的粮食，便已够用了。驴的好处是只需要少许食料；骆驼也只要得一点菜籽油。骆驼在沙漠中走了若干天，无水无草，于第二天只要给以不到一品脱的这种气味不佳的油，即足以证明此物对于维持骆驼的耐久力，实有奇效。我们坐骑的马已送回和阗，于是我们自然全体一律步行。

　　最后到12月12日，我们已经能够带着些许的器具和匆匆招集的工人队伍出发了，塔瓦启尔的人有一半都跑出来看我们开行。两天以前，已派两个猎户中年轻的卡新带一小队人先去，命他于沿途可安帐篷处都掘了井；

他们所留下的足迹即作为我们的向导。

出发后两天离河渐远，那些地方的沙丘也减低了。再向前去，也没有像我后来横过沙漠所遇见的那样高。但是在流沙内行走，便不能不慢；因为剩下来的牲口都已疲惫不堪，负载太重的骆驼每一小时减到只能走一英里又四分之一。

红柳树同芦苇丛开始还茂盛，到第二站便形稀少，至于唯一的野白杨树活着的也竟全然不见了。所幸每间一段就崛起一些圆锥形的小沙丘，上面有很密的红柳丛，枯去的根可作顶好的燃料。在小丘附近因风化作用而成的土穴里，先行的卡新诸人常在这里掘井，以备我们扎营。水既很少，不足以供这样大的队伍之用，并且在开始两天，水味极苦，简直不能作人们的饮料。奇怪的是离开河道愈远，井水反而变得较为鲜甜了。

现在沙漠中的冬天已是极度的酷烈了，所幸日间进行时还不甚讨厌。阴处的温度虽然从不曾到过华氏表冰点以上，可是没有风，所以我还能呼吸沙漠中间清洁的空气，毫无不快之处。冬季我到了真正的沙漠地方，空气非常宁静，万籁无声，无有生物以相烦扰，又加以清洁，常常精神为之一新。

但是到了夜间，寒暑表会从华氏表零度降到零下十度，我的小帐篷虽是用很好的绒布做成，仍是一个可怕的冷窝。燃了北极火炉（Arctic Stove），而温度还是低到冰点以下六度左右，写字也不能了。于是我只有藏在行军床上的厚毛毯同毡子里边。我的用突厥诨名叫作裕尔齐伯克（Yolchi Beg）的小猎狐犬虽有一件很好的皮袄，此时也早已找地方藏躲起来了。

进入沙漠以后的第四天傍晚，先头去的那一小队派两人回来，报告卡新这一队找不到遗址的地方。我的"找宝"向导老杜狄以前虽只从这一面到过丹丹乌里克一次，而现在是证明他对于这一个可怕的区域所有优秀的知识机会到了。在路上他曾屡次告诉我他疑心卡新所取的路稍为偏北一点；但是显然为着职业上的规矩或者骄傲，他不肯力阻。现在猎户既已明白宣称他们之不能找到我们的目的物，他那有皱纹的面上不禁呈露出一线得意的光辉。同派回的人略谈之后，他已能知道卡新这一队人所到达的地点。第二天早晨仍叫来人回去，充分地指示卡新回到正确的路上。

老杜狄的父亲也是找宝人，他自己曾漫游了近三十年，在那一色无际的沙丘里，似乎无可指示的地方，也能找出他的目的地来。所以第二天早晨，他领了我们这一队沿着几座高沙丘的底部前进，到有许多死树从深沙中峙出的地方。这些死树虽是皱褶突露，杜狄等人仍能辨出孰是白杨，孰是柳树以及其他的树木。我们已经走到古代的文明区域之内，那是毫无错误的了。

在此东南约一英里半处的深穴旁掘井下营。次晨由杜狄引导，向南两英里许，我自己便已置身于称为丹丹乌里克的遗址了。据我后来的测量，此地自北至南约长一英里半，宽约四分之三英里，在低沙丘里疏疏落落耸立一些小的建筑遗物，体积虽小，年代却很古。沙已经吹开了，用枝条和灰泥做成的墙壁已显露在外，倒剩得离地只有几英尺。到处的墙垣都是用木柱支在流沙上做成的。所有的建筑遗物都暴露在外，显出"找宝人"曾到过的痕迹。这些人所加的损害是太明显了。

杜狄对于此处十分清楚，我们因此戏称此地为他的村庄，由他领导，我们将遗址匆匆考察一遍，已得到充分的证据可以确定此地的性质同近似的年代。杜狄和他的同伙所掘毁而损坏得很厉害的房屋墙壁，我还能很容易地看出上面的壁画画的是佛同菩萨像。当然我们是站在一座佛寺遗址中间了。由壁画的作风可以显出这些寺院同居地的放弃废毁，是在回教传来之前最后的几世纪的事。在附近堆积垃圾的地方所掘得的中国古钱上面都镌着开元天宝（西元 713—741 年）的年号，可以确定此地的年代。

老杜狄到这荒野的地方，好似到了家一般。自幼小的时候，他便常来此地，他那好的记忆力使他能立刻认出他以前和同伴工作的地方。所幸以前他们来此，因为粮食和运载的力量都不够，不能在此久留，将埋在沙中较深的建筑全行清除。所以我能够将帐篷张在尚未开掘过的遗址旁边，以便往返。把骆驼送到东边克里雅河畔去放牧，驴子一律遣回塔瓦启尔。然后各人一齐开始发掘的工作，在此一共忙碌了十四天。这在我是一个很快乐的时期，充满了有趣的发现，增长了不少的经验。

第一次清除出来的遗址是一座四方形的小建筑，杜狄曾照他自己的办法寻找过一次，称此为不特汗那（But-khand），意即偶像寺。堆的沙虽只有两三英尺高，并没有移动过。此外再清除几处小寺院，我对于那种特别的布置，便即刻了然了。总是一座小方室，四面围以相等距离的墙垣，呈一四角形的过道，这是为绕行之用，依印度的习惯，称此为右旋（Pradakshina）。用树枝和灰泥建成的墙壁，一律饰以壁画。据墙壁最低部分所残存的护壁看来，上面绘的大都是佛生时的故事，或者便是一列一列的小菩萨像，当作一种装饰用的花纹。偶然也残存一些故事画以及供养者跪于大佛像前面的图画。自然后面这一种也只有最低的一部分存留至今。此外还可以拾得许多泥塑的小佛像、菩萨以及飞天像等，这都是从墙壁高处掉下来的。

壁画同塑像都很清楚地显示一种在西元初几世纪流行于印度极西北部的希腊式佛教美术作风。这种美术之所以为人所知，是因为今白沙瓦县的古犍陀罗（Gandhara）地方以及印度阿富汗边境的佛教寺院遗址里，发现了很丰富的雕刻，因而大白于世。和阗佛寺中残存的装饰美术遗物，在时间上比之印度西陲开始使用希腊美术以画造佛教圣传自然是后多了，但是希腊风格，仍然反映得甚为清楚。

清除一些损害较小的寺院所得各种有趣的东西，我不打算仔细叙说，此处只约略指示一二。在小方室内部的中央，普通都立有一个很好的塑座，以前上面当立有一尊大佛像。佛像足部现俱存在，由此可以推知原来佛像之大。有几处我并曾找得几块木质画版，放在佛座脚下，这是善男信女献作供养之用的。

所得的画版带回在不列颠博物馆加以谨慎的清洗之后，幸而发现一块上画极有趣味的故事。其中一块上画一奇异的鼠头神。在玄奘的和阗记载里，保存一鼠壤坟的故事，据说古时此地对于鼠及鼠王俱甚尊敬，某次匈奴大举入侵，全得鼠群啮断匈奴马具，因而敌军大败，国得以全云云。若无玄奘的这一段记载，画版上这一个图画竟是很难解释的。这种故事我能证明至今在西方到和阗的商道上，即是古昔玄奘听到此一传说的地方，仍然存在，只不过形式稍加更易，取其合于伊斯兰教的观念而已。

更奇的大约要算后来我发现的一块画版，上绘一中国公主，据玄奘所记的一个故事，她是将养蚕业介绍到和阗的第一个人。在玄奘的时候，养蚕业之盛，正不亚于今日。相传这位公主因当时中国严禁蚕种出口，故将蚕种藏于帽内，暗自携出。因为这一桩可敬的计谋，后来和阗国内遂奉她为神明，于都城附近特建一庙纪念她，玄奘过此，曾去参谒过。

我前面所说经很久的时候还解释不出的画版是这样的：画版中央绘一盛装贵妇坐于其间，头戴高冕，女郎跽于两旁。长方形画版的一端有一篮，其中充满形同果实之物，又一端有一多面形的东西，起初很难解释，后来我看到左边的侍女左手指着贵妇人的冕，对于画像的意义方始恍然大悟。冕下就是公主从中国私偷来的蚕种。画版一端的篮中所盛的即是茧，又一端则是纺丝用的纺车。

我所到过而且能仔细清除的建筑遗址有十二座左右，其中有几座证明是小小的佛教寺院。在那沙碛堆塞至今犹存的最低部分，我先发现长条单页的纸质写本，其次为一小整捆的散页。我一见之下就看出这是用的古印度婆罗谜（Brahmi）字体，一部分是北宗佛教用以书写经典的古印度梵文佛经，一部分用的是以前所不知道的一种文字，现已证明这是当时和阗居民所通用的语言。

这些写本的文字字形以及排列，自然是从佛教的故乡印度来的。但是据有权威的学者依据以前从和阗找宝人那里得来的一部分材料研究的结果，已经证明古和阗语是伊朗语的一支。同西元初古大厦和妫水中部各处所说的话有密切的关系。我们知道佛教的仪式同教理在很早的时候，即经过现在的阿富汗以侵入东伊朗的那一部分，那么佛教以及随佛教而来的印度文化势力之入塔里木盆地，即令不是仅由此地，也是最初取道于这同一地域那是无疑的。在这一条通路上，也可以见出佛教仪注同佛像吸收了伊朗因素在内的情形。

有一座寺院的小方屋清除之后，发现一块当作供养保存得很好而且奇特的画版，对于这种冲突的情形，表现得甚为显明。有一边上绘一有力量的男子像，体格衣服全然是波斯风，但是显然画的是一佛教中的神祇。长而红的脸，围绕着黑色的浓髯，这是任何庄严的佛像所没有的。大的卷髭同黑的浓眉，更加强其面部的男性风度。头上因为长的卷发，所以缠一金色的高头巾，极像波斯萨珊朝万王之王的帽子。身体方面，细腰以保持波斯相传的男性美，穿一件锦缎外衣。腰下腿同脚露在外面，足着高筒黑皮靴。腰悬一柄短的弯剑。围巾从颈部垂下，缠绕臂部，正和平常所见中亚的菩萨像一样。四臂以示其为神道，这是此类像中所常见者。三臂擎有法物，其中只有两件可以认识，一是酒杯，一是矛头，这都是世间的事物。

画版反面的图画成一奇异的对比，上绘一显然是印度式的三头魔王。一身肌肉作暗蓝色，裸体，腰以下扎虎皮，交叉的两腿下面有昂首俯身的牛像两头，四臂各执法物，这一切都表示同印度密宗的神道相像，这一面画的主题同作风比之另一面的波斯风菩萨像，相隔甚远，这两者之间是否有任何关系，甚是疑问。

解释这块画版两个画像的端倪以及其所以对峙之故，一直到十五年后我的第三次中亚探险终了，我去考察峙立于波斯东南境西斯坦（Sistan）哈孟（Hamun）沼泽上的科伊卡瓦哲（Koh-i-Kh-waja）小山遗址，才有可能。在这遗址一堵年代很后的墙后面我发现一块大壁画，只可惜残损过甚。壁画下端是一坐于庄严台座形同武人的青年男子礼拜供养之像。右臂扬起，擎一弯曲的锤矛，上着一牛头。这种形状的锤矛，同波斯史诗传说中大主角罗斯旦（Rustam）所执有名的牛头戈（gurz）正是一样，这是回教时代波斯造像中所公认的一种记号。

科伊卡瓦哲壁画中的主要人物为罗斯旦无疑。据费杜西（Firdausi）

的《沙拿马》（*Shah-nama*）所保存的波斯民族史诗，罗斯旦同西斯坦显然是相连的。把他的形貌同丹丹乌里克画版的"波斯菩萨"作一比较，我们可以看出将罗斯旦所执戈的头部大部分去掉，拿来放在那怪菩萨扬起的右臂所执曲柄斧的顶端了。

比较科伊卡瓦哲的壁画，又使我们明白丹丹乌里克画版反面所绘三头魔王的意义。在壁画上罗斯旦的对面有一极相像的三头人在那里扬手礼拜。据波斯相传的故事，罗斯旦曾努力奋斗战胜群魔，强迫群魔效忠于其王，这里所绘的大概就是诸魔之一。于是丹丹乌里克画版两面所绘人物的关系也因而了然了。

科伊卡瓦哲的壁画属于西元后第七世纪萨珊朝后期之物。丹丹乌里克寺院遗物在年代上之密近，这对于由和阗本地万神庙中渗入了神化的伊朗英雄可以表明佛教仪注在传入中亚的路上所受的外来影响而言，甚为有趣。

丹丹乌里克弃置于沙漠的年代证据，由现存用通行字体写成的写本中幸而可以决定。在大约是佛寺的若干住室遗址中找得上书婆罗谜字的小薄字片。据后来的研究，证明这些文书用的是和阗语，所记多为本地琐事如借据、征发命令之类。就这些写本的字体以及佛经而言，大约都是西元后八世纪物。这种大概的年代之正确，大部分是我的一位老朋友和最能帮忙的同事故霍恩尔博士（Dr. Hoernle）研究的结果，得到后来在其他佛寺遗址中所发现的一些中国文书以为证明，都可以成立了。

这些中国文书经巴黎大汉学家，我的中国记载方面的导师，故沙畹教授（Prof. Chavannes）的审查，证明是一些要求偿债、小借款的字据，以及当地小官吏的报告之类。中国人对于年代的观念甚强，所以这些文书上都着有正确的年代，自建中二年（西元781年）以至于贞元二年（西元786年）不等。并称当地为桀谢（Li-sieh），有一寺院名为护国寺。更奇怪的是有几位僧人于僧侣的职业而外，并联合起来作放债者。这种寺院中此类僧人的文书中有一件据所记的姓名是中国人；但是贷款者之非中国人，由贷款者和保人所写的姓名便明白指出了。

但是这些文书更重要的价值在于其上所有年代的证据。这些文书都散置于用为居室或厨房的底层房屋垃圾堆中，从文书的性质和发现时的情形看来，很可以断言文书书写的年代当在此地占领最终的几年，最后放弃此地，因而弃置。这由在此所得年代只至上元元年（西元760年）为止的中国古钱，更可以完全证明。

这样所推定的放弃时代，与中国正史所记唐代中国之有塔里木盆地止于贞元七年（西元791年）左右的记事，异常符合。中国权力之衰落以及西藏人之入侵，和阗此时必然陷入一个特别混乱的时期。世界上这一部分政治大变动的影响，在这突出的小腴壤中常常能严重地感觉到；此地全靠灌溉系统，而灌溉又必须有稳固和谨慎的管理，方能维持。从这一点看来，丹丹乌里克发现事物的证据很可以帮助我们推究此地其他废址放弃的彼此之间的关系，以及前章约略谈到的这些地方之所以不能重行居住的一种或各种原因。

发掘所得的东西而外，关于此地生活的情形同一般状态还有其他考古上有趣味的观察。我曾在低沙丘中考察了古代园林道路的遗迹、水渠的分布，以及指明卑下住室位置盖满垃圾堆的地方等。有了过去这种静默的证据，对于下章所要说的离奇古址，便更能了解了。

此外还有一点普通观察可以在此一说。废址中的一切事物都指出此地的废弃是以渐而成，并不如一般欧洲旅行家所信关于塔克拉玛干大沙漠中沙埋古城流行的传说，以为是由于地理上的突然变更，用致如此。塔里木盆地各地所传播被沙丘所掩的索董（Sodom）和戈摩拉（Gomorrha）古城的故事，都比丹丹乌里克遗址为古。玄奘所听到的同现在所流传的多少相同。这只能当作一种民间传说看待，在明明白白的考古学证明上则不然，如丹丹乌里克和这一区域内其他故址的考察，科学的研究是可以不管这些的。

由以后连续几次探险队关于地形学同考古学的详细测量，我才知道丹丹乌里克的土地是借若干渠水的支流以资灌溉的。这些运渠将吉拉

（Chira）、多摩科（Domoko）以及古拉克马（Gulakhma）诸河的河水引入我在离此地南边约四十英里处找到的乌曾塔地（Uzumtati）那一大块垃圾盖满的遗址，在其后最少也有五百年光景；乌曾塔地即是玄奘所说的媲摩，马可·波罗的Pein。在我的详细报告里曾指出一些切当的理由，结论是丹丹乌里克同媲摩的废弃，都由于同样的原因，即是这些突出的居住地方不能维持有效的灌溉。

第五章
尼雅废址所发现的东西

　　横过沙丘踉跄向东，走了三天才到克里雅河，其时已经冻冰了。发源于和阗东边昆仑山上大冰河的河流，能萦回高沙岭之间，不即消灭，而深入塔克拉玛干大沙漠者，只有克里雅河。

丹丹乌里克南边沙漠中离古拉克马和多摩科两村相近的尚在耕种的地方，还有别的遗址等待考察。我在第一、第二两次探险队的时候，曾去草草访过，证明这些地方之放弃，当与丹丹乌里克同时，不然便在其后几世纪。但是那些地方同我在现在的尼雅河尽头以外沙漠中所发现的一大块沙埋遗址相比，没有一处是有那样古老、那样有趣、那样重要的。今即述此，以告读者。也正好有机会，1901年1月我和丹丹乌里克以及我第一次发掘的场所告别，便直向那里出发。

横过沙丘踉跄向东，走了三天才到克里雅河，其时已经冻冰了。发源于和阗东边昆仑山上大冰河的河流，能萦回高沙岭之间，不即消灭，而深入塔克拉玛干大沙漠者，只有克里雅河。沿河而上，那时不再步行，骑在已经召集得很好的马上，走了四天，始到克里雅城脾壤。克里雅（汉名于阗）地方很大，是一县城，那时几占有经度五度的地方，不用说全是沙漠。和蔼的中国县官招待得甚为客气。

克里雅不是一所古地方，"找宝"的职业不如和阗那样盛。但是我到后的第一天，便有一位老迈有礼的村人告诉我说年前他在尼雅以北沙漠中伊马目扎法沙狄克（Imam Ja'far Sadik）圣地以外不远处曾看见有半埋沙中的古代房屋。其他的人也有听到这个古城的故事的，在塔里木盆地中一般人对于各种遗址，即或是最小的，也都使用Kōna-Shahr，意即"古城"的这一个名词。于是我于1月18日开始向尼雅出发，沿着围绕塔克拉玛干沙漠的昆仑山石滩走了四天，才到那小脾壤。

那时适值回教禁食月末的拉马丹月（Ramadan），我不得已只好日间停下，而在那里对于我所要去的遗址年代之古远得意外的证据，我不禁喜出望外。后来我屡次探险都和我共甘苦的年轻机智的驼夫哈三阿浑（Hassan

Akhun）访知一村夫藏有有字的木版两块，即从废址得来。当这两块木版拿到我的面前，我惊喜之余，发现这是用古代印度极西北通行的佉卢字写成的，同西元后第一世纪所通用的异常相近。

这位村夫带着我从去伊马目扎法沙狄克圣地的路上拾得的这两块木版；不久我又知道原来找到木版的人名叫依布拉欣姆（Ibrahim），他是村中的一位年轻大胆的磨坊主人，一年前他在圣地外古城破屋中打算找宝。不料并没有宝，只有在他看来无用的一些这种木版。他带走了六块，除去在路上抛去的以外，其余都给了他的小孩子好玩；这些自然不久都毁了。依布拉欣姆看到我重酬拾此的那位村人，不禁大悔。

我不放过机会，立请依布拉欣姆作我们队伍的向导。那一个傍晚，我考察所得的那些东西，真是快活得很。曲折的字体，淡淡的墨迹，当时不能认读，但是握在我手里的文书是用一种古印度字体写成，印度发现的这一类字体的东西除去石刻而外，没有能更古于此者，那是毫无疑义的。仅由字体即可以确定我所要去的遗址的年代之古；但是我对于等待着我的丰富的收获，也不敢为过分的期望。

沿干涸的尼雅河三日进行，不仅因此事而感觉快慰，并且也有一个证明可喜的天气。不过仍然很冷，夜间温度往往降到华氏表零下八度。伊马目扎法沙狄克马萨（Mazar of Imam Ja'far Sadik）是一有名的圣地。据说神圣的回教徒领袖伊马目扎法沙狄克率领数百信徒，同秦和马秦（Chin and Marchin）不信教的人大战，战殁于此；所谓"秦和马秦"，即是和阗的古称。

在此不再耽延。沿路有一些为礼拜者而设的避阴之所，这是一种小庙，同一些树，树上挂着成千片的布块，都是礼拜者的供养，离此之后，只看见一片碎石堆成的奇异小丘，盖在露出的石盐上面。河流尽头小渠的水在最后消失之前，储于一个小湖之内，我们于是将从加尔各答带来的外面镀锌的两个铁桶和临时做成的袋子同网全盛满了冰。我们全队有四五十人，置身于沙漠之中，不能不备此以为饮料。

过了马萨（Mazar）以后，丰盛的红柳树同野白杨林地带逐渐变为一望无垠的低沙丘，上面点缀一些矮树丛，年久代远蜷曲瘦削的死树群之类。在行到第二站的终了之前，我们经过一地势较为开广的地带，中有破陶器，用厚芦苇把圈成的篱笆，一排死果树同种的白杨树干，指出这是古来的一些农舍遗址。我们算是到了向导所说的两间"房"了。

这些房屋所在的地方初看似乎是一座隆起的小台地。据后来的观察，证明这原来是黄土地，风化所余，用成此形。房屋建造的形式，材料上和丹丹乌里克的房屋一样，只是面积大多了，立在沙上为墙垣间架的木架也来得精巧坚固。屋内满都是沙。我在一室的地面上找得一雕刻甚美的木片，上面所刻是希腊式佛教雕刻中所常见的装饰，于是这些遗址年代之更为古远，即刻就明白了。

再向北前进两英里左右，经过一些高沙丘，到达一座土砖建筑物的遗址，一半已经埋在一座圆锥形的高沙丘内。这是一座古窣堵波（Stapa，即佛教灵塔），许久以前就湮没了。我们的帐篷支在适中的地方，以便向散布各处的遗址发掘，离依布拉欣姆所说发现有字木版之处也很近。当我第一夜在这四围寂寂古代人居住的地方的时候，我不禁感惧交集，不知依布拉欣姆所说的是否可靠，他所遗留在那里的木版文书到底还有多少，等待我去发现。

第二天早晨我急急忙忙地带领依布拉欣姆同发掘工人到那遗址地方。动身时希望和不相信的混杂的感觉，行近那里便欣喜得一扫而空。依布拉欣姆领我们去的遗址离帐篷约有一英里。当地低处为风所蚀，遗址也是高高地位于一小台地顶上。上斜坡时，我一气就拾得三块有字的木版；这三块木版杂在一堆木料里边，那全然是被风蚀去的部分。

到了顶上，我觉着高兴的是在一室内，到处散弃，又找得许多。自依布拉欣姆弃在此处以后，仅仅经过一年。上面所积沙层甚薄，不足以庇御积雪，保护上层的木版；此处下雪甚少，我离开克里雅以后，也有此种经验。因为严寒，木版仍然成捆地弃置于有荫的坡上。受着一年的日晒，最上面的木版字迹已经部分地受了影响。依布拉欣姆发现之后，不久我便来到此处，我不禁为自己特别称庆不置。

他即刻将以前起出木版的地点指给我看，那是在一小室的角上，位于此屋北厢房的一些小室中间。在一大砖灶同此室西墙一小角上，他曾用手将沙扒开，起出一堆木版。他所要找的"宝"不在此处，所以他在此地方找出，显然是排放得有一点次序的古文书，正被他抛入邻室之中。

我的第一个工作是要工人把依布拉欣姆起出珍贵的木版的那一间房子清除干净。此室不大，地上积沙也不过四英尺多深，所以甚为容易。清除之际，在原来地面同灶房作凳用的土台上又找出两打的木版文书。然后我在依布拉欣姆所得之外，再仔细自行搜寻一番，又得到了八十五片左右的木牍。后来清除房屋北厢房的邻室，又得到不少。所以在一日的工作未了之前，我所得到的材料已经真是很丰富可观了。

所得的木牍保存甚佳，所以即在当地也容易知道这些木牍的用处以及外面安放的重要情形。除去少许长方形的而外，那一天所得木牍全作楔形，长自七英寸至十五英寸不等，原来显然是每两块紧缚在一起。今将此种巧妙束缚方法的用途略述一二如次：木牍文本都书以弯曲的佉卢文，读法自右至左，较长部分则成平行式，写在木牍的里面。外边的牍有一下陷的凹形槽，中钤一封泥印，可以证明这是当作一种信封套用的。凹形槽的旁边常有很简单的记录，成单行；这应是住址或发信人的姓名。两牍仍然连在一起者，彼此可以互相保护，所以里面文书的墨迹依然很新，犹如昨日所写的一般。

所以我们很容易承认这些木牍虽然书于众手，可是都显出一种佉卢文的特点，这是印度贵霜王国（Kushana or Indo-Scythian dynasty）的石刻所通用的字体。按贵霜朝诸王在西元初开始的三世纪间，统有旁遮普以及印度河西边的一些地方。因此即在未为任何仔细的考察之前，已足断定我所急忙收集的材料年代一定很古，而且有特别了不起的价值。

那一天的工作，虽然畅快，但是仍有一点不能释然，我自己考古学的良知方面不敢便以为学到胜利。我第一天工作结果收集得的几百片木牍，即使不能胜过，也不至于赶不上以前所有诸佉卢文的文书，那是真的。但是这些记录不会是一种本子的复写本吗？不会是祷词或从佛经中抽出的一段吗？

回到帐篷的荫蔽之下，我于是动手将保存得最好的几片仔细研究一番。佉卢文字体弯曲，语意不定，所以特别困难。我以前研究佉卢文碑版，于此即有所准备。我裹着皮裘坐在酷冷的夜里（据第二天早晨的寒暑表，最低是冰点下四十一度）。研究此事，大致有重要的两点可以确定：第一，据一些语言学上的考察，这是一种古代的印度俗语（Prakrit）。第二，文字内容虽然相差很大，但是就开封的多数文书而言，开始总是同样的一个简单公式。后来我将这一个公式确实辨出，是 mahanuava maharaya lihati（大王陛下敕书）几个字，这些文书所传达的当然是公文了。结论似乎可以说是就佉卢文字体而言，一种古代的印度语也曾移植到中亚这一处辽远的地方，至少统治阶级曾使用此种文字。此地是这样的蒙昧不为人知，这些事实也许可以开辟一些新鲜而完全出于意外的历史景象亦未可知。

当我继续清除此屋的南厢房时，我想再找到一些记录的希望，证明是好好地成立了。有一似乎供仆人用的小室，小室之外连一大室。大室二十六英尺见方，三面有一隆起的灰质平台，很像近代突厥人家室中的客厅（Aiwan）。现存八根柱子，排成方形，显出中间地方以前曾有一隆起的屋顶，为通光透气之用，和近代的大房一样。遗址中其他各处居室的建造和地位，我不久就都熟悉了，这和现在各腴壤中所流行的家庭布置，异常相像。

因为年代久远，风蚀力量太大，木料同灰泥造成的墙除不完整的木柱而外，多已不存，保护的沙层只有两英尺深。可喜的是情形虽然如此，我在沿客厅南边的炕上还找得六十片多少保存不坏的木牍，有些地方堆成束缚很紧的小堆，这显然是最后住此的人所遗留的。但是有很多的木牍就放置的位置而言，显然是曾经搬动过，时间大约在房屋荒废之后不久。所以有些是在一大块织得很坚固的席上找得的,此席一定是以前中央屋顶的一部分。还有一些在一座露天的小灶旁边发现,适在坠席之下。其所以能保存甚佳,当由于这种安稳的掩盖之故。

就我们所得这许多木牍以及未为后来找宝者所动的这些木牍安置的情形看来,这座大屋原来当是官署。后来研究木牍,才证明是一种地方官吏的。至于木牍的大小同形状,相差甚大。楔形的牍又出现了,但是数目远不如有字的木版之多,这种木版全作长方形,内容形式极不一律。其中有些体积甚大,长达三十英寸,大多数字体排列错落不齐,写成小小的行列,末尾缀以数目字;书法不一,删削屡屡,既不是文书,也不是连贯的报告,大概都是一些备忘录、账簿、草稿以及随笔之类。

此室内所得长方形的木牍大半可分为两组,比较整齐,书写也较仔细,但是在发现的时候,仍然不能辨识。其中一组作直角长方形,长自四英寸至十六英寸不等,在有字的一面较狭的两端高起像一种缘。开始一行都含有俗语,我一看之下就认出这是俗语的"……年……月……日"字样。在我手中的显然是整齐而有年代的文书。又一组木牍也作直角长方形,体积较小,平坦的一面很少有字,反面中部隆起,一律作方形或长方形槽,上钤一印,此外横书文字一两行。现在只有前面说到可以注意的垃圾堆发现的古物宝藏,所说明的既确定而又简单,可以自行表明。有印的这些奇异的木牍是一种信套,以安在木牍隆起的边缘之间用来保护书信同文书的上一面的。

富于木牍而被沙盖了的这一座建筑遗迹还不甚深,不足以保存较大的遗物,但是遗址的本身很足以标示此处以及遗址其他建筑受风蚀的程度。遗址位于一小高台地上,较之周围高出十五英尺左右,其所以如此,自然是由于这种毁坏的力量。堆有残迹以及墙基的那一段地带,仍维持原来的高度,近旁的空地因为风蚀之故,一天低似一天。古建筑物所在的那一部分地方也慢慢地受了剥削,逐渐下陷。从遗迹的照片上即可以看出这种缓缓毁坏的程序;遗址前面斜坡上的大木料堆,原来是建筑物,至今已完全倒塌，其故即由于此。

　　在遗址中再发掘其他一两群古代建筑之后，迟缓而不断的风沙飘动，对于残迹的危险是更其了然了。在第一次清除的房屋西北约半英里，有一块足足五百方英尺的地方，证明全是古代房屋倒塌下来的木料堆积其间。小丘高只几英尺，旁边的地方又大受风蚀，因此墙壁的遗存固然少，室内的东西尤其少。但是仔细搜寻之下，居然也有所得。

　　在那里的一间独室内，地上铺有半英尺到一英尺深的沙层，得到五十片左右的木牍，此外还有各种家具，内有一具捕鼠夹同靴熨斗之类。所不幸者，因保护得不得当，大多数木牍已经残破转成白色，字迹全不可辨。其余诸片虽甚形弯曲，佉卢文字尚存。大部分是些人名同账项，可见这是一些官署保存的记录。钞胥工作的程度，加以木质书写不便，从这些木牍的大小便可看出，其中一片损毁特甚，而长竟达七英尺有半！

　　此处覆沙较深，我因而在此能迅即清除出许多小室，并且知道一所家宅中住屋牛栏之类的特别安置的情形。此处所得有趣的东西甚少，但是我在一间外室中找出一所毫无可疑的冰窖；有一厚层用以盖冰的古代白杨树叶，至今还在。

　　越过遗址第一次所到的地方，另外发掘了两所倒塌的古代房屋，在那里所得到的遗物，性质既更为复杂，也更为有趣。一在东边，从房间的大小和数目看来，一定是一位有地位的人的居宅。各室覆沙更深，因此建筑遗物保存得较好。这一座房屋的特点是有一间中央的大厅，长四十英尺，宽二十六英尺。承屋顶的大白杨木梁长达四十英尺，像安放正梁的斗拱一样，上面都有美丽的雕刻。石灰涂的墙壁还保存了很高的一堵，上面以用胶质颜料仔细绘成的大卷花形图案作为装饰。

　　大厅已被后来的居人或游览者弄得干干净净，但是从北边相邻的小室里找出很有趣味的遗物，足以显示那一时期的工业同美术。在其他本地织物的样品中有一很美的毛毡残片上作细致的几何形图案，配以和谐调融的颜色，稍加拂拭，便呈露了原来的灿烂。尤其了不起的是在厨室中所得的残余木器和后面仓库中的武器如弓和木盾之类。散乱的零片一齐放在一个外室的地上。所有雕刻的装饰意境都是印度西北边省希腊式佛教雕刻中所常见的。我更其高兴的是这种遗物所指示的年代同佉卢文的年代证据是如何的密切符合。

更向西南的其他大宅也弃有很丰富的奇异遗物。在一作为公事房的室中除有字的木牍而外，还有空白的木质文房用具、写字用的红柳木笔，以及至今中国通用的饭箸之类。更有趣味的是在过道中所得保存很好的六弦琴的上半部和残破的雕刻很美的靠椅。椅腿作立狮形，扶手作希腊式的怪物，全部保存了原来鲜妍的颜色。

近旁一座花园的布置显得甚为清楚。至今露出地面有八英尺到十英尺的白杨树干尚可看出排成小小的方形同围绕两边的荫路，至今疏勒同克里雅的花园（Bostan）还是如此。我曾在两道平行的芦苇篱笆之间行走，至今还是一条村道，同十七世纪以前还是一样，这真足以引起人异常的感觉，泯除了一切时间的观念。我用手杖在篱脚的沙中搜寻，翻出许多白杨树同果树的枯叶。在遗址的此间和其他各处，那些倒下来的古代树干，我的挖掘工人还能很容易地辨出那些沿道植的白杨树，以及桃、苹果、梅、杏、桑树之类的果木，这都是他们家中所常见之物。

从方才的发掘看来，遗址古代居室中凡有价值以及尚可适用的东西，如不是被最后的居人，便是他们离去不久被人搜检一空，这是很明白显然的。所以我之希望再得一些考古学上的发现，只有大部分求之于垃圾堆中。这些希望不久便很可喜地证明了。

起初考察北部时，我曾看见一处地方南北约长三英里半，横在二英里以上，其中以半打以上的倾圮了的建筑物散布着。有一处废址，现已倒塌不堪，无可引人特别注意之点，我曾起出一些褪了色的木牍，露置外边。稍加挖掘约历半小时之久，便得到两打以上有字的木片。最可注意的有两件：上写汉字的一狭长木片，上书佉卢文一行记载年代的一小块皮。

这些发现当然很有希望。但是在这为一普通住宅的西端墙垣半破的室内，古代遗物究竟是否丰富，我仍不敢臆断。等到系统的发掘开始以后，露出一层一层的木牍，同各种废物混杂一起。随即看出这是多年以来积聚而成的一个古代垃圾堆，并且还有古代可以称为"废纸"的遗物，只不过年代稍为错乱而已。

从那一堆高出原地面四英尺以上的硬垃圾里，末了我找出两百片以上的木牍文书。全混在破陶器、草、毡片、各种毛织物残片、零星皮块以及其他恶味的硬废物层中。那时微微的东北风从刚才掘起的垃圾中扇起一阵微尘，用冻僵了的手仔细记录每一块有字的木牍，真不是容易的事。但是所得的每件事物，相当的地位必得仔细记下，一点不容错误；将来要建立年代的次序，以及散漫的文书的内部的联系，这种记载是很重要的。我工作了整整三个长日子，饱吸了古代尘土的气味，虽在几多世纪以后，仍然异常刺鼻。

文书的形式和材料都异常复杂，保存也至为良好。开始几点钟的工作，便找出了写在皮上的完整的佉卢文文书。长方形制作得很好的羊皮，一起得到两打左右，大小虽有不同，而都卷成同样的小卷子。内面的佉卢文写得很清楚，黑色墨迹仍然很新鲜。每一件文书的开始，都是一样的上面已经说过的公式，指出公文的来源，这是我所能确切认得出来的；年月别书于下方，可是只有月同日。

更有趣的是那许多佉卢文木牍中有些是钞胥练习书法所写。所得的木牍有许多仍然保存了原来所钤的封泥同束缚简牍的绳。木片之为当时普通的文具，那是无可疑的。因此特别欣幸的是我们现在能确实断定使用时的一切技术。

楔形木牍只适于短篇的通讯，特别的一种类似半官式的性质，总是用大小互相适合的两片。两片的一端削成方形；又一端逐渐削成尖形，靠尖端处两片凿一绳孔。文字写在底下一片光滑的里面，上掩一片作为保护，类似一种封套。若书信过长，可以继续书于上面一片的里面。上面的木牍愈近方头处亦愈厚，外面隆起处凿一方槽，可容一方印。

用一根两股的麻绳，用很聪明的图案方式，先穿过绳孔，然后引至右手方头处将两片紧紧缚住。麻绳通过和印槽相通的槽沟，束成正规的十字形。于是槽内用泥塞满，盖住缠过来的麻绳。发信人将印盖到泥上之后，要将上下两片木版分开，阅读里面所写的书讯，只有将封泥弄破，或者将绳割断。所以能绝对防止私拆书信。

据在那宝贵的垃圾堆中所得的看来，长方形木牍束缚方法的精巧也不亚于前者。我在那里找到许多完全的双牍，才明白底下一片较短的两边隆起成缘，上面一片较短，恰好放在两边缘之中。短牍的背面中央隆起，有一方形或长方形槽可以受一泥印。用一根麻绳通过槽沟将双牍反复缚紧，绳上施以泥印，以防私自拆开阅读两牍里面所写的书信。"封套"常和底下的一块分开，这或者是先已如此，不然就是抛到我所谓古代的字纸篓之后始行分开的。但是所得这些木牍经有名学者拉普孙教授（Professcor E. J. Rapson）在不列颠博物馆以及外边仔细研究之后，散开的两片大部分都复合了。

关于古代所有这种木质文房器具的奇异的观察，此处不能详述。不过有一件事实不能不说一下：据后来在很远的东边其他遗址所发现者看来，这种巧妙的器具原来始于中国，为时甚古。在此我还可以加一句：纸的发明，始于西元后105年，此后几世纪间，木质文房器具的使用逐渐废弃。新的书写材料既较为方便，显然流行及于辽远的中亚，不过较为缓慢。即如尼雅废址之放弃在西元第三世纪的下半叶，但是在我的几次发掘之中，竟未得到片纸，可为此事证明。

在又一方面，至今犹在所得的许多木牍上面完好无缺的一些很好的封泥，稍加考察，即可看出西方的势力，从古代美术作品上，远远地向塔里木盆地传播的情形。使我惊喜交并的是刷清掘出的第一块完整的封泥之际，我就认出了雅典娜（Pallas Athene）的像，执了盾和雷电，作古代的风格。又一块封泥也作希腊的神像，如立同坐的伊洛斯（Eros）、赫拉克里斯（Heracles）同其他的雅典娜。钤盖封泥的印章也和西元初第一世纪希腊或者罗马的作品作风非常相像。

好像是要把远西同远东两种势力奇异地混合象征化一样，在那里曾找到一块掩盖的木牍，并排钤了两颗印。一颗上作中国篆字，那是管理现在东方罗布区的古鄯善行政官的印；又一颗上作人首，显然是依西方的样式刻的。

由于我第一次考察此遗址所得到的许多文书保存得异常精好，所以关于这些古代文书的性质同用途，一开始便比较易于清理。但是不久我就明白要认识所有得到的佉卢文，却是一件很难的工作。佉卢文字体既过于弯曲，加以发音之无定准，以及使用古印度方言的一些特点，所以剑桥大学的拉普孙教授、巴黎的塞纳先生（M. E. Senart）和耶稣会波叶神父（Pere Boyer, S. J.）三位大师共同努力，费了不少的心力，到1902年这些记录才付刊行世。

我们在此处所得的佉卢文文书，加之后来在东边所得，数目很是可观。因为太多，又加以战后的各种困难，所以逐册刊行，一直到1928年方才竣事。这些已经刊行的文书，要全部解释明白，还需要印度学家多年的努力。

这些记录对于此地民族流行的经济同行政的情形，以及种族同文化的关系等，非等到在训诂方面能有更深的进步，不能集中一切，呈露光明。但是此处对于某几项暗示明白，也就很够了。在这许多文书中，据我初次的推测，有一大部分可以确定说是属于各种的公文。其中不少是对于地方官的报告和命令，所论及的是地方管理以及秩序、申诉书、传票、护照、逮捕文书，以及同样的书信。付款以及请求的记录、账目、工人名单等，是那种写在不规则形单片木版上面杂文书的通常内容，各行之后大概都殿以数目字。

下一章我要说到第二次再来此间，在一很大的地窖中得到一些仔细钤印尚未开封的文书，然后证明那许多长方形的双牍有一大部分所说的却是正式的契约以及借券。还有一部分长方形双牍证明所含的是一些私信，作书者只愿意他和受书者得知其事。另外有一些木牍上用梵文雅语书写一段一段的佛经，在语言学上也很有趣味。

所有这一切佉卢文文书用的是一种古代印度俗语，掺杂一大部分的雅语名词。我们有充分的理由以为不仅字体，连语言也是出于旁遮普的极西北部同邻近外印度河的地方。印度现存记述到日常生活以及治理情形的文书，年代都没有这样古的。而这些记录竟得之于喜马拉雅山以北，尤其是有趣的事。这些文书之在此一区域内发现，很奇怪地居然同玄奘以及古代西藏文籍中所记的古代当地传说相吻合，据说和阗地方在西元前两世纪左右，曾被旁遮普极西北角上的坦叉斯罗（Takshasila）即是希腊书中的Taxila所征服，夷为殖民之地。

用国王名所下敕谕的称号，以及有年代各完好的文书所提到的在位时代（如摩诃罗阁Maharaja，梵天子Devaputra之类），都纯粹是印度式。这同西元初第一世纪统治印度极西北边同阿富汗一带的贵霜朝诸王的官称，异常符合。文书中所遇到的人名几乎都是印度式，有一些并显出同贵霜朝的关系。但是除去熟知的印度古代职官名称而外，还有一些称呼，显然是非印度的，尚待考释。

我们时常见到Khotan这一个名词，形式同现在所用的几乎一样，有时候的形式又作瞿萨旦那（Kustana），意为"地乳"（Breast of the earth）。此名玄奘也曾说到，大约是一种附会之谈。但是在书信中可以找到其他的地方如尼雅、且末之类的古代名称。在这些文书中所提到的地方名称中，我后来能够确定Chadota即是这个遗址。中国称此为"精绝"，据《汉书》所述，这是和阗东边的一个小地方，正是现在的地位。

在拉普孙教授第一次解读所发现的许多奇异事实之中，他曾考出各种木牍有一公认的官名，我现在略为述说一下。楔形牍在文书中常称为Kilamudra，意为"印楔"（Sealed wedges）。尤其重要的是这位有名的学者辛勤研究之余，最近按照有年代的文书所示统治者在位的年代，定出各人在年代上的次序，由此证明他们所在不是和阗而是鄯善，即今日罗布泊的地方。

第五章 尼雅废址所发现的东西

觉着奇怪的是远在北边的这些遗址，印度传说上隐隐约约地知为大"沙海"者，竟能为我们保存一种用印度语记载日常生活的记录，其年代比之印度本部所出任何写本文书远为古老。第一，在古文字学上有许多证据足以证明此种结论；上面已经说过，这些佉卢文文书同西元初第二、第三世纪间统治印度西北的贵霜朝诸王时代的佉卢文碑刻异常相合。此外在别一遗址又幸而发现同样一片木牍，佉卢文而外，并且还用贵霜朝时期的印度婆罗谜文写上数行，更足以充分地证明此事。古货币的证明也一样重要，我在那里的时候发现许多中国古钱，都是后汉的东西。

但是我所希冀的不可动摇的年代证据乃是一小片木简，上书中国字一行，在那垃圾堆中我所得到的这一类木简有四十片以上。这些文书出于官方之手，经沙畹先生仔细研究，得到一些很有用的资料。大部分所记都是关于逮捕某人或许某人通过的中国当局的命令之类。提到的塔里木盆地以及中国的古代地方，都很富于历史的趣味。

其中最使我高兴的是一位有名的汉学家布什尔博士（Dr. Bushell）在伦敦首先发现一片木简中确确实实地记有晋武帝泰始五年（西元269年）的年号。史书上明载晋武帝时中国始重行经营西域，终武帝之世（西元265—290年）声威不坠。武帝以后，遗址还有居人，历很多年岁，这是很难相信的。中国军队从这些地方撤退之际，在政治上同经济上必随着起了很大的变乱，不能不使人以为遗址之放弃，必是直接或间接与此事有关。

清除北边的那些居室，除去一些美丽的建筑上的木刻残片而外，并没得到其他新奇之物。这样一来，我也不至于弃此理想的地方转就他处。在这里继续工作了十六天，加以昼夜的严寒，所有的挖掘工人以及我自己都感觉疲倦了。我很知道在沙丘后面一定也隐有这样的建筑物，而我所派出去的人回来报告都说没有，这自然有他们的理由。不过当时我因听到报告说东西两边还有其他的古代遗址，心思已跑到那里去了，加之我发掘的时期比较甚短，不久沙漠风暴的季节一到，深入沙漠作遗址的发掘便不能不停顿了。

所以在 2 月 13 日那一天，我只好离开这一幕有希望而富于刺激的地方，怏怏而返。当取别道回到尼雅河尽头处的时候，偶然遇到一群房屋，以前因为周围的沙丘太高，没有看见。此事更足以使我深信我此次之别去，将来还应该再来。

第六章
尼雅废址之再访和安得悦的遗物

在和阗和克里雅之间的多摩科附近作过展期的发掘之后，到1906年10月15日我又到达了尼雅沙漠田，从依布拉欣姆那里知道他搜求的成绩不坏。同样可喜的是看见那些旧的尼雅挖掘工人又应召而集了。

1901年2月离开现在尼雅河水消灭沙漠中以外的遗址时候，我确实希望能再来考察。所以如第三章所述，我于1906年夏末第二次探险队再到和阗，便好好地计划筹备，去再访一次。在这筹备的期间，我常想若是能从空中将隐藏在沙丘后面的古代住址搜寻一番，这自然是很大的一个帮助。但是载人的纸鸢以及气球，为着实际的理由都不能用，那时即使飞机已经发明，情形也是一样。所以我只有于夏季过去，立即派以前"找宝"向导依布拉欣姆出去，寻访我们以前所未到过的遗址。

在和阗和克里雅之间的多摩科附近作过展期的发掘之后，到1906年10月15日我又到达了尼雅沙漠田，从阿布都拉欣姆那里知道他搜求的成绩不坏。同样可喜的是看见那些旧的尼雅挖掘工人又应召而集了。此时我决心视所带的饮水的可能，尽量多招人夫前去。因有我的"老卫队"以身作则，以及我的老听差克里雅的依布拉欣姆、伯克在地方上的力量，于一日之间竟招集了五十个人夫、四星期的粮食，以及添了一些运输用的骆驼。

在尼雅河干涸的河道两旁丰茂的丛林带中又匆匆地行了三天。秋天火一般的野白杨树和芦苇的颜色，真令人心目俱怡。从荒凉的伊马目扎法沙狄克圣地巡礼回来像画一般的香客，使这寂静的野景增添不少人世的趣味。我们在离那认为是神圣战士和殉道者长眠处几英里的地方，将水桶羊皮袋都灌满了水。于是离开生命最后居住的地方以及维持生命的水源他去。两天之后，我又能在距那一长片沙埋废址中央不远的地方安下帐篷。据后来的测量，这些遗迹到处散布，自南至北有十四英里以上，最宽处有四英里左右。

那一天的路线，较之我第一次发现遗址的路稍微离开一点，沿途经过古代居住的地点，看见完全倾塌了的古代房屋以及围绕古代果园的篱笆遗迹。那些蜷曲了的死果树和白杨树干欣欣向荣的时候，罗马诸帝犹然无恙；我现在居然置身其中，不禁欢欣不置。我在一所残破不堪的小屋一隅稍事搜集，便发现一些保存很好的佉卢字木牍。这在开始即足以给我们一个鼓励，并可以证明这些区域，虽南距1901年我们第一次发掘的遗址足有四英里，但是遗物是属于同一很古的时期的。

第一个傍晚，我于暮色朦胧中间步过高沙丘到一残址，1901年即曾见此，只因某种无可如何的理由勉强听其过去。此次在此看到一根雕刻很美的臂柱，露天倒着，上盖微沙。我觉得好似绝不曾离开此间一样，更高兴的是命运居然许我再来。但是当时我还没有梦想到有怎样丰富的一个考古学的宝藏，等待在我的旁边。

第二天早晨，蹈过四英里左右一望荒凉的沙丘以后，在依布拉欣姆所发现，位于以前发掘的区域西边两英里左右，散成一线的倾圮了的居处极北部开始我们的新发掘。这些建筑物当时为高沙丘遮蔽了我们的视线，显然是此地最西北部分的一个延长，古来以一运渠同尼雅河终点的河道相通。

我们第一次清除的遗址是一所比较小的屋子，覆沙不过三四英尺深，对于给我的印度帮手勇敢的奈克兰生和其他工人一些增长见闻的功课，这正是一个适当的标本。周围因风蚀成为洼地，所以此处占一狭长的舌形地带，看来好似高地，同一至今两旁犹有死白杨树的灌溉渠相连接。屋西室中掘到近地处，便得到一些佉卢文书木牍。对于首先发现木牍（Takhta）的人酬以若干中国银币之后，在其他三间住人的室中看到这种用古印度文字书写的古代记录同书信，继续出现，不禁感到满意；这大约是最后住此一位小官所弃下的"字纸"，时间约在西元后第三世纪的中叶。

使我格外高兴的是看见一些长方形同楔形的木牍，原来绳索束缚依然完好，有几片并还存有封泥。封泥上面作赫拉克里斯像，也有似乎是罗马尼（Genius Populi Romani）的，这都是古代印章打在上面的遗迹，发现之时，我是如何的快乐啊！在亚洲中心荒凉的遗址里同希腊罗马的美术居然似乎泯去一切时间同空间的距离，有确实的联系，不禁又使我高兴了一回。

同样熟悉的是这一所遗址里所有的家具同农具,全用木制:一把雕成希腊式佛教美术作风的木椅、织布的器具、靴熨斗、大食盘、捕鼠夹,等等,据我以前的经验,一眼便能辨识出来。此外还有用种种方法于做得很好的木柱和编织巧妙的柳条之间涂以灰泥所造成的篱墙。

我们的第二步工作是清除帐篷附近一所较大一点的建筑遗迹。这里的墙壁以及墙壁之间或许可以存留的东西完全腐蚀无余,只有褪色破裂的大柱高耸着,表出木料间架的位置。但是我考察一所形同门房或厮房底下的地方时,立刻看出这原来是一层一层的大垃圾堆堆成的。照以前的经验,有充分的理由使我们去发掘这种臭堆,虽然已经掩埋了一千七百年,而刺鼻的臭味依然放射不已,加以清新的东风,于是细尘、死霉菌都吹进眼鼻咽喉里去了。我们忍耐着一层一层掘开,掘到离表面足有七英尺的底下,最后发现一个大约是以前居民用来盛垃圾的小小木箱。里面有各种各样稀奇古怪的废物,如:丝绵毡混合织成的毯、铜质同骨质的印、绣花的皮、木质的笔、漆器残片、木质破用具等。

尤其高兴的是发现了一打以上书法精美的汉字木简。据沙畹先生的考察,其间一大部分原来是附在赠送当地长官家族礼物上面的。其中一片是写给当地长官的夫人的,由这上面所述,证明此地古来在精绝区域之内,据《汉书》所记,位于且末同克里雅之间。在木箱底上并且找出一小堆谷,仍然成捆,保存完好,近旁还有两个僵化了的鼠尸。

这一所很大而破坏得很厉害的建筑物,在以前起码是一位重要人物曾经暂时住过的家;因此厅堂之大,长四十一英尺,宽三十五英尺。后来重访此处,在遗址西南延长有半英里以上的一块地方,并无沙丘遮蔽,陶器破片以及其他的硬块遍布满地。这在以前显然是一处房屋稠密的地点,房屋只用土砖之类筑成(现在这一区域里村镇平常人家还是用这种材料),所以不能像富有之家用木材及柳条建的房屋那样能够长久抵抗风的剥蚀。

以后为着找寻向南伸出去的居处遗址,忙碌了好几天,其中的详情,此处不能细说,现只一述大略。有些因风蚀残破已极;其他的保存略好,清除室中所存积沙，很费工夫。书信、账簿、草稿、杂记一类的佉卢文木牍，差不多在每一所屋中都有发现。此外还有足以表现日常生活以及流行工业的刻花的建筑木材和家具。在这小庞贝（Pompeii）古城中，最后的居民虽没有遗下有实在价值的东西，然而他们的生活之安逸，却有充分的证据：许多单室中都备有火炉、舒服的炕、木碗柜等物。这些房屋附近，几乎一律有围篱笆的花园和两旁植白杨树以及果树的荫道。因有沙丘保护，果园中枯瘦的大部分是桑树的断干，至今耸立，高达十英尺到十二英尺。

但是开始最足以使我迷惘的是四围沙漠那种绝对荒凉空阔的情景。遗址这一头的残迹，位于生存的红柳树丛带以外。一片黄沙铺在前面，像汪洋大海一般，单调的浪涛之中，只有一些干了的树干，房屋残余下来成列的破柱，露出沙峰顶上，各处点缀而已。这种奇异的景象，常常使人想起有似大海破舟，只剩下一些龙骨弯木。有清新的微风，也有海洋的沉静。

我们在这里辛苦工作了十四天，所得丰富的收获，绝不能在此处详细叙述。但是所获特别丰富的古文书，由于发现情形之特殊，可以趁机一说。我在遗址极西头一群残迹之中，清除一所大屋，我以前到此，因为时间太晚，不能完全发掘，因而保留下来，如今还是照样未动。靠边中央大客厅的旁边发现美丽的建筑雕刻残片，即刻证明住此者一定是位富人。又在一间似乎会客室的里边得到一些体积很大的佉卢文记录，其中一片足有三英尺长，可见主人并是一位重要的官吏。

靠近中间客厅相连的一间窄室地上有排列整齐露在外面的文书架，砍土镘（Ketman）一击之下，我在他的办公室中想更能找出一些东西的希望便证实了。所得数目一会工夫便在一百以外。大多数是用来传达命令的楔形牍；其他为长方形牍，是些账簿、目录，以及年代颠倒乱用的杂"公文纸"。我们得到的显然是一个公事架，倒在此处，因为积沙深五六英尺，所以保存得很好，刨掘泥土，找寻散片的工作仍然进行，我的"老卫队"中最有经验的挖掘工人老实的罗斯旦居然得到奇特的发现。

当第一次清除的时候，我已经注意到靠墙处有一个大土堆，成捆的木牍即藏于此。我要工人不去扰动，我以为除去偶然而外，那里不会有多少发现的。我看见罗斯旦像我的猎狗抓开鼠洞一般，在地上用手抓掘之际，他正从土堆和墙壁之间抽出一块保存甚佳的楔形双牍。我还不及问他，他已很得意地从地下六英寸处取出一块完全的长方形文书，两块封泥完好无损，封套尚未打开。孔穴掘大之后，我看见走向墙壁同墙基下面的空间，全是束缚很紧的一层一层的同样的文书。

这显然是我们找到一所隐藏的小档案库了。我对于这个发现大为高兴：因为文书本身的趣味和保存完善而外，发现的情形，更可以给我们一个很有价值的指示。除去少许例外，到终了所得的长方形文书足足有三打之多，绳都缚得很好，没有打开，封泥也仍存在封套上。我在以前所得的这一类东西，曾有一种假定的解释，得此便可加以确定：这些都是合同以及契约，照原来的封印保存不动，使需要时文书的确实可靠得以成立。

很特别的是只有两封开口的记录证明是以适当的形式写给"神人喜见的尊贵的科阁波苏甲迦"（Honourable Cojhbo Sojaka, whose sight is dear to gods and men）的信；我以前发掘散漫的地方，曾读到许多有这种名称的公文。据罗斯旦正确的推测，土堆的用意是在仔细收藏这些遗物，同时以此为记号，表示物主因为意外放弃此地，然而仍怀着回来的希望。

搬移之际十分留心，以免封泥损坏。其中有一些上面钤印至两三颗之多。夜间归帐篷后，加以清理，我的谨慎得到报酬了，所有的几乎都如新钤，一大部分作古宙斯（Zeus），持棍围着狮皮的赫拉克里斯、伊洛斯、普洛马可斯（Pallas Promachos）以及戴胄的半身像。奇的是希腊刻印工人的美术在这辽远的地方居然留下胜利的痕迹，更奇的是大约与土地以及其他真正财产有关的苏甲迦（Sojaka）的契据，自从为沙丘所掩，埋葬了长久的岁月之后，我自己居然成为事实上的占有者了。然而可以帮我去请求的法庭在哪里呢？

我们的工作逐渐移向遗址南部，虽尚有仍然生存的树丛，而环境愈益阴沉忧郁。点缀很密的沙丘，上面盖着纷乱的红柳树，死活俱备，高达四五十英尺；我们于是在沙丘中间找寻残迹。残迹即在沙丘之麓，又一方面有剥蚀很深的地方，于是形成一幅奇异荒寂的图画。清冷的东北风吹起一阵尘雾，添加了一片颜色适合的氛围。最后达遗址南端，得到广阔的空地，我们几乎如释重负。这里的残址不大，但是视察近旁的地点以后，显出有趣的形状。

离我再来第一次发现木牍的遗址约六十码远，有一块方地的死桑树，树干高达十英尺以上，以前树荫俯照一个水池，至今，还有一片洼地可以看见。古昔水流入池的水渠来源必定不远；在西边最近一座红柳树盖满的高沙丘后面，还有一座长九十英尺左右的矮桥，横在一条显而易见的干河床上。犹有两座桥墩耸立其间。左岸有倾倒了的果园遗址，向上约长二百码。向西北我还能寻出古河床的遗迹，长达两英里以上，全盖了流沙，到此又在低沙丘同丛林间出现。这一处奇异的断层地方甚为明白。

对于此地所起大变动的特别动人的证据是离小桥不远，大约遭受风蚀围以高沙丘的一片低地之中，找到一所很大而保存很好的果园遗址。各种果树同葡萄架的行列都很整齐，死去虽已十六个世纪，而犹罗罗清疏，可以考见。

1906年11月，我从尼雅遗址向东北，经过且末以至婼羌城，在沙漠中总走了四百余英里，得到机会作地理学同考古学观察的地方不止一处。在安得悦河（Endere river）东边无意中得到一些东西，对于一个富于古代趣味的问题，可以作充分的解决。在安得悦河尚未消灭于塔克拉玛干沙漠之前，有一道可怕的高沙岭将安得悦河和尼雅雅通古司河（Yartungaz）两河分开；我们从伊马目扎法沙狄克动身，经过很苦的路途，才越过这一道沙岭，到达此处。

1901年我第一次来安得悦遗址考察，在一有圆形城壁保护的小堡内开始发掘，我曾清除一所小佛寺，形式同丹丹乌里克的很相近。所发现的有趣味的东西之中有藏文佛经残本，这是现在所知用西藏字同西藏语言写成的最古的标本。寺内殿壁嵌有一块汉字碑，记一中国官到此之事，年代为唐玄宗开元七年（西元719年）。加以所得西藏文文书，可以十分断定此堡在西元后第八世纪必已为西藏人所据，到第八世纪终了的一个时候，连塔里木盆地也受西藏人的统治了。

奇怪的是西元645年左右，玄奘也循同一路线从尼雅到且末，在沙漠中行走十天，便已不见人烟。但是他曾明明说到睹货逻（Tukhara）故国，这是中亚史上有名的一个地方，正相当于放弃了的安得悦遗址。

据我第二次在此的发现，确实证明我们在这里得到一个历史上的例证：沙漠中以前放弃的古城，经过若干世纪之后，又可以再有人居。把小堡附近的低沙丘除去之后，便露出一些剥蚀极甚的古代居处遗迹，这是我以前所未留意的。于是将支持不至于完全颓圮的硬垃圾堆仔细掘开，得到一些佉卢字的木牍，显然是西元后起初几世纪之物——正是睹货逻时期，即大月氏最盛之时。

对于已经证明正确的玄奘记载，还有更显著的证明：我发现显然建于玄奘经过以后的圆形小堡的城墙，有一处真的是建在一条垃圾堤上，大约是西元后第一世纪之物；有在此处所发现的佉卢文文书可以为证。小堡的建筑以及玄奘所见遗址上之重有人烟的时期，同中国威力重达塔里木盆地，使盆地得到和平安稳的时期正相符合。我还可以说后来如再访安得悦遗址，我会在玄奘路过时已经弃于沙漠中的古代遗迹上找得更多的遗物。

第七章
磨朗的遗址

西元645年玄奘自印度返中国时,婼羌即已成为罗布区的重要地方,前此几世纪也已如此,这是有确实的证据的。此地经过长时期的垦殖,放弃后又重行经营,像今日一样,所以考古学上的遗物不多。

1906年12月初，我已到达婼羌小沙漠田。现在的婼羌虽只是一小村，然为县城所在之地。那时的疆界自东至西占经度五度多，而全县人口不过五百家，并还包有半游牧半渔猎的罗布人（Lopliks）在内，全境荒凉之概可以想见。东边为本书第一章中提到的荒凉一片久已干涸了的盐海海床，以及史前时代海洋最后残余的罗布淖尔。塔里木河河水注入罗布淖尔，大盆地也因此河而得名。

　　此地今称为罗布。十三世纪终了，马可·波罗到契丹去，于"横越罗布大沙漠"之前，也曾过此。此地经济出产方面，自古以来谅即贫穷，可以耕种之地至为有限，不过最早进入中亚，必须经过此地，故在中国古代历史上此地甚为重要。《前汉书》以下诸史常常提及此地，起初称为楼兰，后来改名鄯善。

　　西元645年玄奘自印度返中国时，婼羌即已成为罗布区的重要地方，前此几世纪也已如此，这是有确实的证据的。此地经过长时期的垦殖，放弃后又重行经营，像今日一样，所以考古学上的遗物不多。然而这同一的婼羌对于我却甚为重要，因为我久已计划发掘那1900年首先为赫定博士所发现，位于罗布淖尔北边沙漠之中的古代楼兰遗址，我之准备一切，即在这最后有居人的婼羌。

　　在以下各章中我要说到第二、第三两次探险队在这可怕而现在滴水俱无的沙漠中所有尝试的而又有丰富而有趣的成绩。但是在未说此事以前，我可以把发掘磨朗（Miran）遗址的发现经过略说一遍。1906年12月7日，我由婼羌出发去罗布沙漠，首先到达此地，经过急速的试掘之后，知道此地的重要，因于1月终了再来，作彻底的发掘。遗址极为荒凉，位于婼羌东北约五十英里；自昆仑山迤逦而下及于罗布淖尔泽地的极西端，有一片绝对不毛的沙滩，遗址即在沙滩的尽头处。罗布淖尔海水在历史时期以内必曾大为减退，缩到磨朗遗址的北边。

有一条小河名叫察斯干赛河（Jahan-sai），以前曾用来灌溉全区域，至今流入遗址之内，还有几英里。近河岸处塔里木河的阿布都尔（Abdal）人在此建有一个小殖民地，一面种麦，一面仍然过他们打鱼的生活。我们到那里的时候，他们并不在那里，不过在河身狭窄处我们的骆驼和马还能得到一些干芦苇、野白杨树的枯叶以及有刺的灌木叶作刍秣。水的运送我们可以不用焦虑了。但是在那吹个不息的严寒风暴里继续做了三星期的苦工，那是我们谁也永远不曾忘记的，所有的帮手，除去我那老练而又光明的中国书记蒋师爷之外，无一人不病倒的。

我在一所用坚固的土砖砌成完全倒塌了的塔顶上，把遗址观察了一遍。这大约是一座佛教的窣堵波，找宝的人曾掘一条隧道进入塔的内部。在顶上视察其地遗址甚为清楚，这些遗址点缀于东向的宽平的沙滩上，好像内海中的一些低岛屿一般。我的向导、坚毅的罗布人托克塔阿浑所说为磨朗主要遗址的古堡，从远处看来甚为庄严。但是当我走近那里，很热心地爬上西面破墙的时候，看到那里很坏的构造，指出是年代较后的东西时，不禁为之失望。

沿着东面墙垣内部试掘的结果，更其证实此事，但是同时又显出这里有一座很丰富的矿藏，等待考古的搜求。和那发掘出来的半在地下的小室成反比例的，是差不多堆齐屋顶的灰尘垃圾。挖掘开始，便得到一些上书西藏文的木片同纸张。曾住此地的居民所遗下的一层一层的垃圾堆中陆续发现此种文书，有整有残，一直到底。第一日的工作，总计所得将近两百。此外如各种无用的器具、破烂的布片、兵器之类，亦复甚多。各种物件都指明这些富于考古学上的趣味而又特别脏污的垃圾堆，是在西藏人占据此地的长时期中堆积起来的。中国的《唐书》也证明西藏人之占据此地是在西元后第八同第九两世纪之间。

第二天早晨，我继续发掘东北离此约一英里半的一座遗迹，托克塔阿浑曾说那里有雕刻的遗迹。这里的遗迹证明是一所佛寺。至今仅存寺基，在寺基各面的碎屑上面还残存有作建筑装饰用的美丽的上涂垩粉的凸雕。寺基东面清除一小部分之后，发现一些很大的涂垩粉的雕刻。于是我敢断定此寺的时期远较西藏人的堡垒为古。经过一些观察之后，大概可说这是一处很古的遗址，放弃之后，又被人占据，同我在尼雅和且末之间安得悦遗址所见的情形一样。

像这种有希望的地址，如不罄其所有，便是暂且离开一刻也觉可惜。不过因为一些实际上的原因——大部分同气候的情形有关的——迫不得已只有暂停。在这里我要趁便指出的是：只有像这样缜密的、适合于各区域流行的各种不同的气候情形的计划，才能在我第二次和第三次探险队所调查的那样广阔的地面做地理学和考古学的研究工作。所以我们只有于1907年1月23日回到那绝对的沙漠地方，始能从事荒凉的西藏堡垒的清除。那时帐篷就支在城墙脚下，原来希望可以躲避那从山麓沙滩横扫过来的冰风，不料风势从四面包围而来；原来的希望都成泡影。

残堡第一次的试掘，便十分满足了我们的希望。西元后第八、第九两世纪荫蔽西藏戍军的房间同半埋地下的小室，在计划同建造上都简陋不堪，但是却有很好的垃圾堆，供我来清理。在从灶里扫出的看不清的尘土、草荐、破烂布片以及器具之中，找出很多实在木版同纸上的西藏文书，其中许多都已残破，但常有很完整的。有一间小室，烟熏的墙壁仍然保存一部分，我们找得的文书就有一百件以上。有些地方垃圾堆常常高达九英尺左右。

常常有很多的证据指明这些房间一直到后来都用来当作地窖，所以地上的尘土可以愈积愈高。这只有丝毫不管尘土脏污的人才能让他们的住室一间一间地成为通常的垃圾箱，以至于有些地方竟堆齐屋顶。

我对于清理古代的垃圾堆，有机会得到比较广博的经验，知道如何去鉴别。但是就废物抛弃之多而且密，气味之年久不变而言，我常要把那些西藏战士丰富的"废物"放在前面。一年以后，当我在和阗以北五百英里外的马扎塔格山（Mazar-tagh）上清除一所小堡的残迹的时候，甚至在未得到任何古物的证据之前，就垃圾的气味，我便能很正确地辨出此堡曾为西藏人所占领。磨朗古堡所得丰富奇异的物品之中，值得特别叙说的是很多的漆皮鱼鳞战甲残片；这自然是许多件鱼鳞战甲的残余，大小装饰各个不同。

那时候寒风吹个不停，很难得有时间来研究这些专门事项。大部分的时间我都站在东面城墙的顶上，守视各处发掘的进行，风的进袭是充分感到了。无论何时我一下去参考发掘，便也欣赏到那些大都由坚硬的垃圾堆成的昏暗的尘土。暴露得最厉害而感到不舒服的是近堡的东南角上，那里的月城已被风所吹蚀倒塌了。正在这里有两间大室，里边的垃圾和文书特别丰富。

到末了我在这里所得到的写在木版上和纸上的西藏文书总在一千件以上，据有权威的学者如托玛斯（F. W. Thomas）和佛兰克（A. H. Francke）两教授的研究，都是些杂公文纸，并且常常很为重要，如：报告、请求书、契约之类，用的是日常生活的语言。西藏文献中佛经甚为丰富，说到古代的日常生活的极少极少。这一些杂文书因此颇为有趣，塔里木盆地在西藏人统治之下一世纪的地方情形，从这些文书中可以窥见一斑。大多数的记录所记的是军事，叙述边陲屯戍需要粮草、援助，以及军队开动，等等。

在这许多地名中我所能考证出来的是大纳布城（Castle of Great Nob）即媠羌，小纳布城（Castle of Little Nob）即磨朗。纳布，同玄奘书中的纳缚波（Na-fu-po）一样，显然即是中古同近世用于全区域的罗布。这些记录还提出一个证据，在更古的时候，磨朗遗址大约即是扜泥（Yü-ni）的旧地，中国史书称此为鄯善的古东城。

在这些记录中汉字的文书竟不见片纸只字，这是第八世纪的第三段时期以后中国势力以及统治在塔里木盆地完全消灭的一个重要的指示。但是在又一方面，据发现的褶皱了的一小包用北欧体突厥字写成的纸上文书看来，也很明显地证明在塔里木盆地辽远的一隅，也看得见一些强毅的西突厥人，不是西突厥人的同盟便是仇敌，而中国在中亚统治势力的崩溃，此辈一定也有份的。认识最古的突厥语鄂鲁浑（Qrkhon）古碑有名的故汤姆生教授（Prof. Thomsen）曾把这些文书刊印出来，指出时期恰恰相同，其中有很多的人名，大概是突厥的兵士，发给他们的护照和通行证之类。

西藏堡垒的用意自然是保护从塔里木盆地中的南草地到中国本部西边敦煌的通道。此道经过罗布淖尔的南边，也同我在下一章所说经过罗布淖尔北边的那一条路一样，从汉朝以来就用为同中国交通的主要路线。玄奘以及几世纪以后的马可·波罗都从此通过沙漠。所以我对于这条困难的碛道，有十足的历史的趣味。但是我自己离开磨朗上这碛道之前，在这遗址中发现了美术上的遗物，比之西藏人据此所留下来的遗存更古老，方面也更广，我的工作算是得到报酬了。

这是在散布于堡垒附近风蚀以后残余的佛寺遗址中发现的。据所得考古学上的证明，这些佛寺一定是在西藏人未入据此地以前，便已毁败。对于我第一次访此便引起我注意的遗址，有两个故事可以清清楚楚地分别出来。遗址的毁败，大部分由于风的剥蚀，于是上面一部分的石灰粉饰完全没有了。但是清除下层堆积的废物之后，发现一些半埋在墙里的柱子，显然是百泄波里城（Persepolitan）的作风，此外还有几尊嵌在壁龛中大同人身的雕像残迹。长方形神庙的过道以前整个被许多碎屑堆塞住了，移开了碎屑堆，我们便看到一具塑成的大佛像头，测量一下，出庙外足有十七英寸。材料只是粗泥杂草做成，所以拆下以及以后将这具大雕刻好好装箱，倒是不容易的事。

这一具大佛头之外还发现其他的大佛头，同样显然依希腊式的佛教美术作风制成的。清除过道之后，看见外墙排列了六尊趺坐无头的大像，才明白这些大佛头的来源。从膝以上高七英尺强。由这些大坐像的衣褶可以证明远在罗布的雕刻师，在配置衣褶方面同犍陀罗仿自古代模型的希腊式佛教美术作风是如何的密切符合。

在靠一尊坐像的底部发现一大片很好的用婆罗谜字体写的梵文贝叶书；由材料看，这一片贝叶书写于印度，由婆罗谜字体看，年代最后不能过西元后第四世纪。于是此寺在西藏人入据前好几世纪便已废弃的推测，更其可能了。

堡垒西边一英里左右有一群土堆，大约是十分倾塌了的窣堵波，当我开始发掘这些土堆的时候，希罗美术的影响才显现得更为动人。清除一座最小的土堆以后，看到一所外方内圆的方形坚固的建筑。这在以前是一座圆顶的小窣堵波。从圆屋围墙的屋顶同上部坠下来的很多瓦砾碎屑把窣堵波底部的圆形走道都堵住了。随即在这里得到绘画的垩粉残片；由此可见圆屋内部墙上以前显然装有壁画。发掘到离地面四英尺左右的地方，显出绘得很精美的有翼天使的护墙板，我不禁为之大吃一惊。在亚洲腹部中心荒凉寂寞的罗布淖尔岸上，我怎样能够看到这种古典式的天使（Cherubim）呢？

在热烈的兴奋之下，我用光手一个头部一个头部地仔细清理以后，我自己即刻明白在昆仑南北各处我所看到的任何古代绘画美术之中，以这些壁画的构图和色调为最近于古典的作风。完全睁开的大眼灵活地注视，小小微敛的唇部的表情，把我的心情引回到埃及托勒美同罗马时期木乃伊墓中所得画版上绘的希腊少女以及青年美丽的头部上去了。

更其奇怪的是对于那些显然是古典派作风，并且借自基督教造像的有翼天使的解释，因在过道处发现丝质彩幡，而得到确定的年代证据。这些彩幡显然是一种供养品，上面所写的佉卢文同尼雅遗址的木版及羊皮文书上的正是相像。幡上的字，墨色鲜妍如新，一定是在寺院废弃以前不能很久。所以磨朗地方也同尼雅遗址一样，放弃的时候总在西元后第三世纪终了或其后不久。

所得其他足以支持此种证据的小件发现品，此处不能细说，不过在靠着过道东南角兀立的残壁下所得的一层一层紧压着的很好的垩灰面壁画残片，应在此处简略地叙述一番。这些壁画以前都装在高墙上面，后来掉在堆积墙下的瓦砾堆上，未遭破坏，便被流沙掩覆保住了。壁画绘在薄薄的垩灰面上，底下一层泥面，极易碎裂，要捡起收拾，真是一桩很困难的工作。

这种尝试的工作是如何完成，以那样稀少的材料我如何能够装箱，此处都毋庸细说。我十分满意的是两年后打开这些箱子的时候，因为装箱时十分谨慎，所有绘画的泥版遗物竟能安全地到达不列颠博物馆。于是我的忠实的朋友助手安德鲁斯先生（Mr. F. N. Andrews）能够用混有膨胀性铝的石膏粉很巧妙地托在壁画残片后面，把原物好好地保存下来。各种残片仔细拼好之后，才知道大部分的壁画构图原来是装饰圆屋高墙上面画壁的一部分。

所有保存下来的壁画残片，画的都是特别的佛教故事。释迦佛穿一件托钵僧的棕红色袈裟，右手高举，作有名的"保护式"。佛像旁边立有六位弟子，俱披剃做和尚状。画中情景显然是在一花园或林中，但是残余无几，不足以表明所指究竟释迦本生故事中的哪一段传说。

但是磨朗佛寺遗物的特别趣味同大价值，不在其造像方面的意味，而在其配合构图以及色调的美术手腕。题材是佛教的，而美术表现的细微处所全是得之于希腊的模型。这里只要指出那师徒们大而直的眼睛，同后来中亚以及远东所表现的一些图画上面长而歪斜的眼睛不同，便已足够了。更重要的是衣褶，以及似乎从袈裟里伸出曲指的特别姿势之类。关于技术方法，则这些壁画标示肌肉的地方通常利用光与阴影，这是一个最显著的证据。这种浓淡法的使用，在古典美术里是很有名的，但在印度、中亚，以及远东古代绘画的作品方面，以前却从没有看见过。

现存这些壁画饰带残片是那样的变化多端，意义繁富，而其中尤以我第一次所见护墙版上画的有翼的天使为最好。这种天使像一共存有七尊，都很安全地运了去，现在分存于不列颠博物馆同新德里（New Delhi）我的收藏品处。就一切外表而言，目的明明是在适于天国博爱的一种和谐力量，面部表现一种强烈的个性。如目部的各种表情，头部的姿势等详细情形，只有就原物作适当的研究，或者在我的《西域考古记》（Serindia）所复制的图版中也可以仿佛一二。但是磨朗的装饰画家采自西方常用于特殊建造情形的构图技术，至少有一点我可以指点出来的，那就是：圆形过道墙壁稍下一部分护墙版上有翼天使的姿势经过仔细的选择，使与地位适合，天使扬起的注视，与绕塔右旋的信徒眼光恰好相对。

就希腊式佛教美术造像中所看到的某种青年有翼的形式而言，磨朗护墙版上这些画像之必须追溯到希腊的神话，以有翼的伊洛斯神（Eros）为其直接的祖先，那是十分可能的事。不过这种直系的后代，经过中间的阶段，当然受有东方观念的影响。普通来说，磨朗护墙版上的画像同有些古基督教派中的天使，奇异地暗示有一种亲属关系。但是要记得的是把天使当作有翼的天上使者的观念，在基督教兴起以前西亚的一些宗教系统中，是很普通的。

我们至今还不知道希腊化的近东任何处有很古的天使画像，对于希腊罗马神话中的爱神受了变化，成为磨朗护墙版所见有翼画像，始于何地何时的问题，呈露若干光明。但是这些天使之成为真正中国境内佛寺里的装饰画像，却不难于解释。犍陀罗派希腊式佛教雕刻所有从有翼的伊洛斯神抄袭来的画像，实在用以代表佛教神话中借自印度传说，普通称此为犍达婆（Gandharvas）的一班飞天。一个人如去拜谒磨朗寺院，看见了他以前在远处地方如叙利亚、美索不达米亚（Mesopotamia）以及波斯西部也许看见而未忘却的那些有翼的奇异画像，若能仔细询问寺院的守者，守者一定能立刻告诉你哪些是犍达婆像。

但是当我发掘离此六十码左右的一个土堆时，发现一座同样圆屋形的佛寺，过道墙壁护墙版上所装饰的人物，全然是世间的，并且明白显出西方的性质。因此这种造像学上的解释是否真正需要，我不能不怀疑了。

这一处遗址的圆屋中央有一窣堵波，圆形过道围绕四周：窣堵波同过道都比第一次所说的佛寺遗迹为大。两处外面方形过道残余的一小堵墙上都绘有同样的天使，可以证明两处年代大致是同一时期。内部的窣堵波被找宝人摧毁得很厉害，塔顶塌下来瓦砾壅塞了圆形过道，以前装饰塔顶雕刻精美的涂金木片，在瓦砾堆中还可以看见。由东面进门处将过道清除之后，残余的过道墙上装有壁画，排成版片形，下面为护墙版。在壁画上两尊人像的旁边写有短篇佉卢字同印度语。由此可以确实证明这些寺院以及壁画的年代是在西元后起初的几世纪。

西边对着入口处有一段弓形围墙已完全被以前的找宝人弄平了。所以现在看到的壁画向两旁伸出呈分开的两个半圆形。因为残毁太甚，北边所余只是上部版片的少许，但是下面护墙版上的壁画虽已褪色，还容易认出那非常漂亮的配合和道地希腊罗马式的构图来。同此相连的是一宽条花圈同持花的青年人像。真的是菩提（Putti）的像。在这些无翼的天使之间以戴佛里吉亚（Phrygian）帽的人物，显然模仿流行于罗马帝国境内的波斯太阳神（Mithra）神像。连续不断的宽边中间空处交互绘着男女的头部同半身像。所有这些人物面部的表情、头饰以及手中所持的物件，意义都似乎在传达人生坦白的快乐一般。此处以及南半边护墙版上保存很好的携花圈的菩提像之间那些人像，无论是佛教信仰或者神话，全找不出任何关系。这些人像中间有的是漂亮的女郎，盛饰香花，手挚酒樽酒杯；也有弹琵琶的。他们的希腊式面容似乎还杂有其他不易忘记的地中海东部（Levantine）或塞卡兴（Circassian）式的美，而精致的首饰又显示近东或者伊朗的风味。

尤其可以注意的或者是男半身像所表现的繁复异常的形式。这些男像都是青年，头部姿势十分像罗马人；右手高举，手指屈伸不一，正好像是在做希腊罗马的猜拳游戏一样。其他的半身像浓髯、厚发、衣饰富丽，当然写的是从北方或东方来的蛮族。眼部表情，宽唇，低额，似乎对于现世良善的事物表达坦白的忠诚；透明的酒杯举齐胸部尤其显得明白。同这些代表西方以及北方男子风度正相反的是一位印度王子的半身像，头剃得很干净，用珠宝装饰得很富丽，面貌以及梦似的眼睛所表达的柔和的表情，以及与此不相上下的特别的峰峦形头巾，不禁令人油然忆及希腊式佛教美术雕刻中所常用以表示乔达摩（Gautamo）王子未成佛前很著名的形式。

四围极度的荒凉，更其增强这种光辉灿烂的人物氛围的力量。在我看来，他们的意义似乎是象征各种生活的快乐。同我们这些人之于废址中碌碌终日，而所求者只是已死的过去遗痕，其不快与拘谨，是如何的不同呀！那些年轻的画像站在我的前面，我几乎要相信我自己是在叙利亚或者罗马帝国东方诸省的一些别墅遗址之中，而不是置身于中国境内的佛教寺院。

然而只要一看东南面所余残墙上面长达十八英尺的画壁，一切疑虑都可以消释无余了。真庞贝红地上绘着皮珊多罗王子（Prince Vessnatara）本生故事的行列，这是释迦前生中最有名的故事。从进门处左方起，作虔敬的王子因为施舍无节，为父王所逐，于是骑马出宫门像。在他的前面是一辆四马两轮马车，上面是他的一样虔诚的妻和两个儿子。然后图中景物又换成森林，此时王子已下马步行，有四位婆罗门见他请求布施，他即刻将他自己神奇的许愿白象送给他们。以下的墙倒塌了，其余部分的故事如何，不得而知。但是由北面半圆形护墙版上残余的壁画断片看来，可知所画的是王子夫妇隐居林中之像，以最后欢欢喜喜地回到宫廷结全部故事之局。

护墙版以及饰带（frieze）上的绘画都成于一手。但是在饰带里，画匠所用的是希腊式佛教美术对于此一特别故事所久已采用的一种传统表现法；半世俗式的护墙版画便听其自由了，所有的声味都出自当时罗马东陲一派的美术。我们幸而在白象的膈窝上发现了关于壁画画家的一小段佉卢文题记，使我们对于这种印象得到了更明显的证明。据法国有名学者、帮我整理一切佉卢文材料的波叶神父解释，这段佉卢文字说到画家的名字是Tita，以及他所得到的报酬数目。指示数目的字，稍有疑问，名字方面则绝无可疑。Tita 这一个字在印度语和伊朗语中都找不出根源，我觉得这就是将罗马人名 Titus 一字翻成梵文雅语同俗语所应有的变化。

Titus 一名在西元初几世纪间通行于罗马东陲，其时一位装饰画家亦取此名，并且他的盛誉东及于中国境内，那是不足为奇的。据托勒美《地理书》中所保存的推罗的马利努斯记录,我们知道有同样籍贯的罗马欧亚人(Roman Eurasians)也常到即今中国本部的"丝国"(Land of the Seres)去做丝绸贸易,其为时还远在磨朗佛寺的年代以及很久呢。

下面饰带上关于皮珊多罗王子的这一篇以及其他佉卢文铭记的正本,只要反复推寻,便不难确定。但是因为气候和别种困难,我在那时候实际上不能将壁画全部照相,以为判定其在美术上的价值之需。我即刻明白由于壁画泥版的特别易于碎裂,若要移取大片的画面,结果只有破坏,除非开首把后面的墙有系统地截开,以便好好分离画面。这种费力的工作起码要一个月。但是季候一到,盐泽冰融,我经罗布沙漠到敦煌去的长途旅行中,在有几段,需水甚急,此时若把工夫费在此处,将来免不了危险。所以只有于悔恨之余,将这种困难的工作留待后来去做。

我对于这种需要的悔恨,证明是太确实了。1908年3月,当我能够使我那位精明而永远幸运的帮手奈克兰生从和阗附近为此事回到磨朗遗址时,不幸在开始工作之前,害了青光眼病。这位勇敢的西克人(sikh)虽然盲了一眼,还是去试,竟至于双眼俱盲,这种英勇的行为,是一个悲惨的故事,要在此处详述,未免太长,并且太惨了。

1914年1月我自己再回到这遗址时,我不禁大吃一惊,我自己同后来奈克兰生把寺院内部再用沙同瓦砾仔细掩盖的工作还不足以保护。据说在我发现此地以后若干年,一位有考古学的热忱,而缺少准备,和专门技术以及经验的少年日本旅行家到此,用一种很坏的方法,打算把壁画搬走。这种企图,结果只有毁坏,这从有画的硬泥版残片在南半边底下过道那里,狼藉满地,便可以很清楚地证明。这种不幸的考古学手续的努力幸而在未到北半边便行放弃,于是我们对于这一部分壁画上的护墙版,经过很长而辛苦的工作,从事搬动,居然没有损害,告了成功。但是我最初所找到的一大部分的绘画,我的照片既不完全,便只有靠着我笔记簿上的一点记录了。

第八章
古楼兰的探险

　　婼羌名为县城，只不过一个小村，几乎完全都是沙漠，一切物品异常有限，所以我们的准备，成为很辛苦的工作。在三天之内无意间招集了五十名工人以备发掘，粮食可供我们全体五星期之用，尽力所及收集骆驼，以供运输一切；我们应带充分的水以及冰，备应我们全体在沙漠中旅行七天，在遗址中耽搁稍久，和最后归途之需。

上面曾经说过，1906年12月最初的几天，我在婼羌小沙漠准备向1900年赫定博士在他可纪念的那次旅行中于滴水俱无的罗布淖尔沙漠北边首先发现的遗址，开始作我久已计划好的探险。在这里考察过任何遗物之后，我的计划是把我的骆驼队横越马可·波罗所说的罗布沙漠，随着他曾走过而以后荒凉历好几世纪的古道，以到敦煌。若要免除重大的危险，运输以及粮食等项，一切都得仔细地布置一番。同样重要的是尽力地节省我的时间；在滴水俱无的沙漠中工作，只有冬季的几个月中，我们能运冰块以作饮料方可实行。

婼羌名为县城，只不过一个小村，几乎完全都是沙漠，一切物品异常有限，所以我们的准备，成为很辛苦的工作。在三天之内无意间招集了五十名工人以备发掘，粮食可供我们全体五星期之用，尽力所及收集骆驼，以供运输一切；我们应带充分的水以及冰，备应我们全体在沙漠中旅行七天，在遗址中耽搁稍久，和最后归途之需。

问题真是可怕极了：当我把本地的物力弄尽之后，所能得到的骆驼还只有二十一头，连我自己的能吃苦耐劳的七头一起在内，真的，有些并且是从且末雇来的呢。阿布都尔（Abdal）靠近塔里木河流入罗布淖尔沼泽处，那里有小的渔村，我若不能把它当作便利上的仓库，问题会更为严重。在那里我可以把暂时不需要的行李给养寄顿，等到要经过沙漠去敦煌的时候，再从那里把一切东西运走。

所幸荒凉的婼羌县的知县廖大老爷很肯帮忙。不久我就从阿布都尔请到了两位结实的猎户，一位年长而瘦的名叫穆拉（Mulla），另一位较胖，名叫托克塔阿浑（Tokhta Akhun）。这两位都曾帮过赫定，并不像其他的人，惧怕这种沙漠探险的危险。可是这两个人都没有从阿布都尔这一面去过遗址，所以从我们离开沼泽的那地方以后，不能希望他们来作向导。但是他们知道我们所要经过的地方的性质，依着猎户的经验，习于艰苦，他们能够勇敢地去对付冬季的沙漠。那些选来作挖掘工人的当地农民，在严冬的季候要他们离开家乡，向东北无水的沙漠中去作一次辽远而完全不知道的旅行，是完全吓倒了；一般亲戚也以为他们的命运是倒霉定了，为之悲哀不已。等到这两位猎户的立刻出现，大家的精神才为之一振。

经过极度的努力以后，我们才能够于12月6日的早晨开始出发。我的工人队伍按时在最后的田野边上集齐，我去视察一遍，在那些罗布人的面部看到坚毅的蒙古人面容，不禁大吃一惊。他们都是本地半游牧的渔人一族的后裔，和从西方草地来的突厥后裔不同。在那里这些人的亲戚同我们道别时高呼"Yol bolsun"，意为"希望顺路"（May there be a way）。这种"突厥文"中再会的声音，意义没有比此再含蓄的了。

横过荒凉的沙滩再走两站，到达磨朗遗址以后，怎样试掘两日的经过，我在上面已经说过了。至12月10日，我到达阿布都尔，那是塔里木河畔最后的一个小渔村。出发敦煌以前所不需要的驮马行李以及给养都安顿在此，命我的最可靠的"突厥"仆人狄拉贝（Tila Bai）在此照管一切。我那位忠实的汉文书启蒋师爷也留在后边，他自己虽然想跟着我，也只好由他去懊恨了。他的两只脚不能在我们前面的路上作长途旅行，我们又不能弄一些骆驼去背他同他的用具；他同骆驼都是很瘦弱的。

第二天早晨，渡过还没有结冰的塔里木河深流之后，遂从阿布都尔开始向沙漠出发。我们向东沿着最初的罗布淖尔沼泽走了一天，在塔里木河构成的一个淡水无吐口湖中已经可以得到很好的厚冰了。每一个可用的骆驼都背了满袋的冰，重量达四五百磅。四个镀锌的铁桶也满盛了水，以备万一之需；不久这些水也冻了。此外还有三十头驴，也驮了小袋的冰。离开最后有可饮的水同冰的地方两天之后，便把所载的饮料卸下，以那地方作一个腰站。至于驴子本身自然也需要水；不过只渴两天，卸下负载以后，相信很快地便能回到塔里木河旁边。

至于骆驼，起初听其作一长饮，每一头喝了六七桶水，据我们的经验，大约可以经好几星期不至于渴。在极冷的冬天，骆驼之需要草还甚于水。一离开最后有生气的植物以后，一直要到遗址北边一些盐水泉子地方，才能有点芦苇，可作食料。我屡次旅行中的驼夫头目哈三阿浑却为此预备了几皮袋菜籽油，每过一些时候便用半品脱左右气味难闻的这种菜籽油喂给骆驼。我的驼夫说这是骆驼茶，骆驼走了长路之后，没有草吃，这种骆驼茶证明很富于营养的价值。

又走了一天，横过一片可怕的盐卤盖满的草原，在柴纽特库尔（Chainutkol）附近一个小池旁边留下两个人，那里池水已有一层薄冰，可供牲口饮用。此地暂时当作一个前进的根据地，把为工人预备下的粮食留在此地。我们的路线从此处起转取北—北—东方向，因此需要靠近1900年核定的路线，而方向却正相反。但是路上除去他的路线图所指示的遗址位置同罗盘以外，更无其他可以作我们的指导。而自赫定从北方横过此地以后，这一块不明的地域地文方面已起了显著的变化。那一年塔里木河洪水泛滥，北流所成一些新的无吐口大湖，现在已完全干涸了。这些无吐口湖盐床上面小池所剩的水咸到在这种严寒的天气，还没有结冰。

12月14日傍晚，我们将有死白杨树和红柳树的最后的低地抛在后面，把帐篷扎在老红柳树怒生的高沙丘之间。驴子所载的冰袋都卸下来，仔细地堆在最高的沙丘北面，做成一个贮藏所，驴子另外命两个人押送，回来时经由柴纽特库尔，搬运存在那里的工人粮食。

我们于是再行出发，很快地走过风蚀极厉害的地带。这在罗布沙漠北部呈一奇异的形状，无数连绵高峻的土堤，被一些沟很明显地割开。罗布渔人为此取一方便的名称，叫作"雅尔当"（Yardangs）。这都是夹沙的风切成的，沙刮在风的前面，于是成为侵蚀的工具。这种台地的方向一律是从东—北—东到西—南—西，因此一年中大部分因为气流的关系，从蒙古高原横扫到塔里木盆地中最低的这一部分，所有最强烈最固定的风向，由此可以很清楚地明白了。

我们的路线成角度进行，所以人同牲口在这些硬泥堤同泥沟中前进，都异常困难。骆驼的脚在这种地面上尤其困苦，足部软掌易于破裂。所以每一次扎帐篷之后，总有几头可怜的牲口要受"打掌子"（re-soling）的痛苦。打掌子是用小片的牛皮缝在骆驼足部，以便保护伤处的，骆驼当然不愿意，所以这种办法需要很好的技术。幸而哈三阿浑是此道专家，并且时常训练其他的驼夫——只不过他的教法太不和气，往往踢打俱来罢了。

在这蚀坏得可怕的地方中间，我们每隔不远，便要走过有死野白杨树干倒列其间的一段窄狭的低地。这些低地一眼望去，弯弯曲曲直到远处，正像河流支渠还未没入一望平坦的沙漠以前一般。用我在取各种不同的路线横越罗布沙漠这一部分先后所有实际的观察，加以我们仔细测绘这些形势的地图所供给的证明，使我相信这些低地以及沿这些低地带的死树林，原来是终点的河床，以前库鲁克河灌溉围绕楼兰废址的地方，在不同的时期中流入干了的大罗布海四周泽地，即是假道于这些低地。这种信念的地形学同考古学的理由，已经充分表明于《西域考古记》和《亚洲腹地考古记》（Innermost Asia）两书之中，此处所能补充说明的是关于此处古三角洲同向东一带干了的海底，在中国史书上也有有趣的记载足以为此说的证明。

在风扫光了的地上屡屡拾得石器时代的石箭镞、刀片、其他小件器具以及很粗的陶器残片，至于荒凉的地域我们还很少地进到里面去。更向前进，每隔不远，又见着同样的东西。就我们的路线而言，我们极力地保持取直线前进，实际上不许向左右寻找，而这种发现屡见不鲜，可以证明这些地带在史前时代末叶，必然已为人类所占有。

因为地势的困难，我虽然要人同牲口每日自清晨走起到黑方止，而每日所走充其量也不能过十四英里。在这种破裂不堪的地上，要照着罗盘方向，维持正确的路线，也不是容易的事。因为这同样的理由，对于我们所走的路径，在容易看到的地点上，用死树干或者土堆很仔细地立一些标注，以为运送贮积的冰和粮食来的人作一个确实的向导。

我们横过这一片风蚀了的硬泥地将近第二个麻烦的站头的时候，在地上找到许多小件铜器，内中有中国汉代的铜钱，以及无数制作完好的陶器残片，证明我们行到此处所取的路线，是经过一段在历史时期以内已经知道有人住过的地带，最少也是有几处地方如此。然而据我们的测量指示，我们离赫定所踪迹的遗址，还要一直向南走十二英里。

到那时候，我们已经被包围在冰冷的东北风之中，到第二天的半夜里，我的帐篷也差不多吹倒了。我们停在这个区域的整个时期之中，除去短短的一段而外，这种冷风总是继续不停。温度很快地就降到华氏表零度以下，我们全体的生活因此感到极度的困苦。幸而在古代河床旁边有成列死去的古树干供给我们以丰富的燃料，不然一般人所受的更苦不可言。然而即在日光灿烂的时候，刺肤的冷风吹来，我的头同手里在厚极了的包裹同手套中，还是不能温暖。

到12月17日，找到的汉代式的中国古铁、青铜箭镞，以及其他小件愈来愈多了，最后到那一天下午，横过一道宽广显明的干河床之后，约略指示遗址的第一个倾圮了的土堆已远远地可以看见了，这正是赫定草图上引我企望的那个地方。我们的工人队因为到了长途寻找的目的地，心中愈觉焦急，所以也大大地兴奋起来。在它们之间还有八英里的路，于是横过一些高峻的泥堤同深削的泥沟，于傍晚之前赶到那里，我因此能在耸立于荒凉的奇景之中巍然为遗址主群标识的窣堵波脚底扎下帐篷。

到第二天早晨，发掘即行开始，用相当多数的人继续不断地工作了十一天，我于是把各群遗址中所能找到的遗物都清理出来了。同时立刻遣开骆驼：一大部分送到北边，那里最少在托克塔阿浑所知荒凉的库鲁克塔格山麓咸泉子附近的芦苇地，可以找到牧草；其余的送到南边我们腰站的地方去取冰一类的给养，暂时留在那里。

那一天早晨立在窣堵波基址高处向四周一望，异常熟悉同时又至为新奇的树木行列展布在我的前面。南同西南两方耸起一些木料和石灰建的屋宇残迹，集成小群。这些残迹使我很奇怪地回想到记得很清楚的尼雅遗址那些残迹，所不同者，这里因为风的缘故，掩盖在上面作保护用的沙远不及尼雅遗址之多而已。这些残迹的地域以外，极目一望只是无穷无尽剥削很锐的硬泥堤同深沟，一切同那刻画这些堤沟的不息的东北风取同一的方向，也很像一幅冻得很硬，曲成无数压得很紧的町畦的海图。

发掘是从紧靠窣堵波的南边，耸出风蚀地面足有十八英尺高的台地上面一座倒塌了的房屋开始。这是一座建筑很好的房屋，现已残败不堪，很多的木料堆积在斜坡上，由此可见因为底下的土壤为风所剥蚀，以致上面房屋完全消灭无存。然而即就仅存的部分加以搜索，便已发现一些写在窄木片上和纸上的汉字文书。此外还有写在木版上面的佉卢文文书，形式正同尼雅所发现的一样，也有一些写在纸片上面的。

因此在发掘的开始便得到证据，证明尼雅遗址所得到的这些用同一古印度语字体写的文书，在辽远的罗布区域内，固有的统治以及贸易方面普通也使用此种文字。试想罗布区域离开和阗是多么远，而这种印度语言同字体竟平均发展到塔里木盆地的极东部分，这显然是很富于历史意味的一种发现。在这第一处残迹里还发现一些其他的奇异的遗物，此处只能提到一块堆绒的羊毛地毡残片和保存得很好的一小捆黄绢。此后又找得一些木质的度量器具以及一块有字的绢边，使我能够证明这一小捆黄绢正当的宽度是十九英寸，以及古代中国工业中这种有名的出产运到西方希腊罗马的真正形式。

在开始的时候，靠近房屋残迹的风蚀空地上，得到金属、玻璃以及石质的小件不少。其中有背部往往刻镂很精的青铜镜残片、金属扣、石印之类。拾得的玻璃的以及石质的珠子也不少。汉代方孔式铜钱散布之多，很为重要，由此可见这种小钱流布之广而且多，以及普通由钱币所指示的贸易之盛。

西南部有一所大建筑物，一部分是用土砖造的，虽已损坏之至，还可看出原来是一座衙门的遗迹。其中有一间小室，原来大约是作为监牢之用，赫定博士曾在此处找出许多写在木片同纸上的中国文文书，有些的年代是西元265年到270年①之物。将全建筑再仔细搜索一遍，这一类的文书又得到不少，其中有些弯曲的薄片，显然是从剖来供临时之用的有一定大小的木版削下来的。

旁边的小屋虽然粗陋，建造形式同尼雅遗址所见者一样，这大约是供非中国人的本地官吏用的；在这里曾得到形式很熟悉的佉卢文木版，格式内容同尼雅所得者甚为相似。但是最大的收获还是得之于衙门西头外面，径在一百英尺以上的一片大垃圾堆里面。这座臭味依然刺鼻，而在那成层的硬垃圾和其他废物中间，却得到很多写在木版同纸片上的中国文书，这显然是视作废纸从公事房中扫出来的。常有破裂不堪的，木简方面并有拿来用作点火的木条，所以略有烧过的痕迹。

在这包罗万象的垃圾堆里也找出写在木版、纸片以及绢上的佉卢文文书，只不过为数不多。一件很有趣的发现在那时也并无第二件的是一片破纸，上面写的是一种不知道的字体，看来令人想起 Aramaic 语来。后来证明这是窣利语文（Sogdian）的孑余，以前完全失去，不为世人所知，西元后起初几世纪流行于今撒马尔干和布哈拉地方的古康居国（Sogdiana）一带。

所得汉文记录的解释，由我的值得悲痛的故友大汉学家沙畹先生完成其事，其所著不朽的著作由牛津大学出版社（Oxford University Press）印行，连我第二次的收集也一并包括在内。这些文书的内容同以前赫定博士所得的一样，可以确实证明遗址的地名是楼兰，乃是古代用以称整个地域的一站。在西元前第二世纪的末了中国所辟到塔里木盆地的古道上，此地正是西边的桥头。

所得有年代的文书大部分是西元265年至270年之间的东西，其时正是晋武帝在位，于汉室倾覆以后，在西域重树中国的声威。最后一件文书的年代是在西元330年。文书上犹作建武十四年，其实建武在十四年前便已终止了。由此可见这一个小站同帝国中央当局的交通已经完全断绝。此

---

① 晋泰始元年至六年，原作西元264年至270年，疑误。——译者

地以及以此地为终点站的漠路之最后放弃，到那时候显然是很近了。

此地站头既小，而全个地方本地的出产又有限，然而在中国文书方面，仍有足够的证明，显示通路未断之际贸易的重要。有从西域长史发出或呈长史的报告，以及显然不属当地的军事行动记录的残片。但是一大部分的文书却是关于一个中国小屯田区的一切统治事项，如种植粮食存贮以及运输之类的记载。对于官吏以及兵士，常有减少口粮的命令，当地不能自给的困难，由此可以很奇异地显露出来了。

佉卢文文书原文现已由拉普孙教授和博学的法国同事为之刊布，在字体、语言以及其他方面都可标示同尼雅遗址所得者极为符合。据后来寄给我的节译本，我考出此地原来的名称是 Kroraina；楼兰一词大约即是译音，按之汉音极为相似，当不诬也。

清理大垃圾堆以及周围其他住室所得一些零碎的遗物，此处不能细说。但是有一桩稀奇的事实，可以说明在整个遗址留有标识的毁灭力，应为一述。在遗址区域从南至北到处可见的那些残毁很甚的狭台地上仔细考察一番，可见这些东西原来是城墙的一部分，用泥和红柳树条相间夹杂筑成的；这是古代中国建筑工程师在这种地方建筑防御物时通常所用的正当方法，并宜于抵抗风的剥蚀。

但是这一座原来内部方一千零二十英尺的圆城，即在正顺着最多的东—北—东风向而建的那几面，也只存些许残迹，抵抗不住毁灭的力量。其他正对着这种风向的两面已经完全夷为平地，被风扫光了。这只有在相隔很远的东边的同样残破的遗址，我才充分体会到风力在这里所完成的工作，因此1914年我第二次来访楼兰遗址的时候，能够认出那些面着东西两方侥幸没有完全毁掉的仅存城墙遗迹。

到12月22日傍晚，我们在古堡垒的工作完毕了。剩下要发掘的是向西八英里左右的一群遗迹，这些遗迹是赫定博士首先发现的。但是他只能从楼兰站到那里去一次，只能停一日，帮助他到那里发掘的又只有五个工人，当然还有不少的东西，留待有系统的发掘。主要点是我们能否有适当的时候到那里去工作。我们的冰减少得很快。托克塔阿浑从库鲁克塔格山麓回来报告,说是那里的水咸到如今还没有结冰,因而更使我心焦。可是我们停在遗址的时候,最低的温度已经降到华氏表冰点以下四十五度了。骆驼为着同样的理由,也不肯饮那里的水。所幸从我们腰站出发的骆驼已经回来,我们才能于12月23日把帐篷移向那些遗址地方。

以后五天,我们便在那里努力发掘,工人虽多患病,仍剩有三十人;发掘的成绩证明很不坏。这里只能叙说少许观察和有趣味的发现。仔细清除一座小佛寺之后,得到很多美丽的木刻残片,其中有长达七英尺以上的木梁,装饰的作风显然是希腊式,或者希腊式佛教美术派。

此处以及离此处东南一英里左右的一些大住宅地方,风的剥蚀力量大极了。然而我们后来仍然找到许多有趣的遗物。其中有从雕刻华美并且加漆的家具遗下来的残片;作风几乎是罗马式的雕刻木版残片;装饰用的织物,好像是一种保存甚好的拖鞋,上面饰以毫无可疑的西方式的地毯图案之类。靠近又一座小佛寺,有一所用篱环成的古代果园,还残余有死去的古代果树,这是这座遗址中所见古代种植遗迹唯一的证明。还有其他的证明指出古来环绕古堡的此处地方,其之所以重要,由于经过此处的对中国的贸易,实比本地的出产为甚。

我之想循着这条商路,通过那一大片未经发现过的沙漠向东的希望是热烈极了。但是在这时候,对于这种很困难的工作的任何企图,都不能不作罢论。我们所贮的冰是减得很低了。而工人患病的日益增多,这都是暴露在寒风中的结果。所以到1906年12月29日,西边一些建筑遗迹发掘完毕之后,便将主要部分的工人随同所得的古物,由测量员雷兰生押送回阿布都尔。他因受寒风所吹,致害风湿病,在我们到达遗址之前,他已经是不能动了。

我于是带着剩下很少的人出发,经过未发现的沙漠,以向西南。七日艰苦的旅行,我们安然得到塔里木河的冰。路上行进,因为沙岭愈行愈高,所以比之从罗布淖尔出发要难得多。沿途别无遗址,只偶然看到石器时代的东西，就是以前所常见作古河道标识的死树行列也没有了。温度最低降到华氏表冰点以下四十八度以后，需要燃料的痛苦更深切地感到。我们这一次旅行最后回到婼羌和磨朗，沿途对于地理学作了很有趣的观察，但是在此处毋庸细述。

第九章
循古道横渡干涸了的罗布泊

  从且末至婼羌有十站,一路大部分是沿着车尔臣河(Charchan river)走,我们没有遇见一个行人。当时很使我诧异不置。到婼羌以后,我才知道两封介绍信都无法投递。

第九章　循古道横渡干涸了的罗布泊

1907年2月到3月，我从罗布地方循着马可·波罗的故道向敦煌出发，因而发现中国本部极西部敦煌沙漠田一带的古代边墙。关于这一段沙漠中的长途旅行，我在下一章中要予以记述。那一段几世纪来为中国和中亚以及西方交通要道的向楼兰的凶险碛路，其东端的出发点，因这次的旅行我于是能够确实考订。但是要追寻这条路线而无错误，那只有从楼兰方面出发，从这里出发并且还可以证明一桩很难的工作。所以一直等到七年以后的第三次探险，才许我试作此举。

1914年1月8日，我到达婼羌。于是这一片小沙漠田又作了我在罗布沙漠考察的根据地盘。但是因为中国革命，新疆不免也受影响，我的困难因而大增，如今趁便在此略叙一二。我从且末出发到婼羌是在除夕，在这天以前我便已听到有一队中国军队，不久之前已开向婼羌，据说婼羌已被攻击，知县官也已被捕了。驻且末的中国县佐无力制止这种暴动，所以他只好很谨慎地替我写两封介绍信，一封写给那不幸的按办，假定他或者已经恢复自由和权力，又一封写给革命军的领袖，据县佐的猜想，他们也许已经接事了。

从且末至婼羌有十站，一路大部分是沿着车尔臣河走，我们没有遇见一个行人。当时很使我诧异不置。到婼羌以后，我才知道两封介绍信都无法投递。那一小队革命党把知县捉到很残酷地处死之后，革命党领袖立即自立为按办，可是当地的伊斯兰教徒对此甚为淡漠。一星期内，远远从焉耆开来一小队回族军队，由同一的本地善于应变的回族头目偷偷地将他们引入沙漠田，革命党其时正在熟睡，惊悉此事时，已杀的杀捉的捉，一网无余了。因为地方的变乱，以致并无何种文官，而因文官的缺乏，要想从那些和易的罗布人以及耐劳的头目方面得到何种帮助，都无希望了。

以后为我这次缜密计划的探险，征集应用的粮食人夫骆驼，遇到困难，使我蒙受很大的损失。而所谓革命，在实际上证明只是一种假仁假义而已。我从婼羌出发以后，没有办法只得在磨朗遗址又花了近两星期的努力工作，补救我于本书第七章所述在一大圆塔所发现的那些很好的壁画。正在从事工作的时候，接到疏勒英国总领事马卡尔特尼爵士的通知，说是新疆省当局命令各地方当局禁阻我的测量工作。这一道命令实在的意义就是要停止一切我所想作的探险。那位永远机警的朋友立刻请求北京英国公使出面调停。但是其时我应该满意的是如果不极力干涉，在我那种情形之下，便是中国人用消极的方法也足以破坏我了。

所幸者是意想中发自婼羌的禁令竟没有来。到后来才知道我之如此侥幸，乃是由于"革命党"凑巧于此时爆发，合法的知县在能有所举动之前便被解决了。接手的革命党占据了衙门，看见了命令，但是在他自己尚未被杀之前，他还有更急切更有利的事情待他去做。后来中国军官，严守中国官场规矩，极力避免干涉民事，把衙门中的文件概行封存，以待远从迪化（Urumchi）来的新知县接印。这样一来却救了我，我于是能安然收集我所要的一切东西，然后向无水的沙漠出发，在那里所谓人的干涉，是没有可能的危险了！

在干涸了的库鲁克河三角洲作新的探险，发掘任何遗址，以及寻找自楼兰往东或许可以出现的古道，都包括在我的工作之中。为着使后一桩比较麻烦的工作能得适当的时间起见，最要紧的是迅速发掘，因此就我尽量带能带的水，或者毋宁说是冰，携带了许多工人。大袋的冰，最少可供三十五人一月饮水之用，全体的粮食也足够用一月，我自己的人还另备一个月的粮食，此外还有暴露在冬季沙漠冰风之中所需要的一切保护用具，我一共雇得三十头骆驼，连我自己的十五头在内，这并不算太多。至于各个人不消说都是步行。

1914年2月1日，我带领了这一大队人从磨朗安然出发。第二天在一塔里木河的终点湖旁把所需要的冰都装入袋中。从此处起走四站便到我当前的目的地,这是几年前我的忠实的老罗布族从人托克塔阿浑首先看见的一所大遗址。外部的地面被风剥蚀得很厉害,有些地方连坚固的城堡也完全摧毁无余。城墙是用一层树枝条一层泥相间筑成的,同以前所见敦煌西边中国古代边墙的式子一样。把里面的残室清理以后,得到的丰富的遗物,都是建筑木雕、器具、铜铁之类。由这些遗物可以证明此处之放弃,和楼兰遗址是在同一时期。经过堡垒有一条很显明的干河道,两岸还有成列倒去的死树,所以很容易追寻。就方向而言,可以证明这是库鲁克河,一称干河的南支,以前河水是流向楼兰废址的。

我们跟着这条支流走到第二处比较小一点的堡垒,在小堡北边有一块很大的地方,遗迹到处散布。木材同树枝构成的房屋因风力剥削,受了很大的损失。但是因为垃圾堆结得很坚固,得以保住了原来的地面,我们在此得到用古印度佉卢文和婆罗谜文两种字体,以及汉字和窣利文写的木牍纸片等古文书。此外还有其他有趣的遗物,如美丽的漆匣、有画的丝织物同毛织物残片、木制农具,等等。这一处地方之放弃,一定也同楼兰遗址一样,不能后于西元后第四世纪的初叶。

这里所得正确的古物证据,对于遗址毗邻地方地文年代的断定,有特别的价值。有史时代及其以前不久罗布区域的水文和古代占领的情形,由此可以呈现光明。属于后述这一期者在风蚀了的地面上得到很多新石器时代的箭镞玉斧一类的石器。

在我们到楼兰去的两大站途中,再经过一些连续不断的古河床。两岸夹有成行倒去了的死野白杨树,河床的方向很明白指出那是属于古库鲁克河所成的三角洲地方。风蚀的地面上,有些地方有石器时代的遗物之外,并随便杂有汉代古钱以及金属零件陶器残片。我们所走的路线和1906年我第一次来访时不同;而所得的遗物以及观察的相像,这充分可以证明当时所得的结论。

2月10日天黑以后很久,骆驼努力挣扎,越过那些连绵不断不易越过的高台地,我们才到达中国的楼兰遗址。作我们根据的帐篷仍然扎在熟悉的大窣堵波遗址下面，我向东方以及东北方未知的沙漠中推进侦察，而我的发掘工人仍留在我前次来此未予注意的伸出去的小遗址和深垃圾堆处工作，得到不坏的结果。在这次新的清理中，又得一些用汉字、佉卢文和自1906年至1907年因我的发现以后始知为古窣利语的印度字写的木版和纸片文书残片。

紧邻遗址的地方，自从中国放弃以来，河水常常暂时回转，涨落不时，于是阻止了剥落和风蚀的作用，漠中植物得以复活，黏土亦可因而保住。我对于这种河水的涨落水平线，曾有缜密连贯的观察，这也是很有趣的。由这种观察可以明白看出遗址自弃置漠中后历时一千六百年，河水涨落的程序并不是一定的，各处的情形都是如此。在那些已经死去的红柳丛同芦苇塘的低地里，偶尔这里那里露出水来，唯一的水源只有干河。事实上当我于1915年回到沙漠中的库鲁克河时，更在西边，沿有库鲁克塔格，一称干山的山麓，可以很清楚地看出那条河床，在河床低陷处略掘小井，便可以得到咸水。我第四次旅行塔里木盆地（西元1930—1931年），得知最近水文方面大起变动，影响到塔里木河河道，夏季水涨大部分的河水灌入远在北方的宽车河，这样使两河的合流斜逸再行灌入干河以流向古楼兰地方；此事我觉得全不足异了。我所希望能研究这最后变动影响到罗布盆地的机会，可惜因中国方面的破坏，竟归泡影。

现在是从事更兴奋的工作时期到了。2月中旬，我又回到那引我重来这荒凉的楼兰地方的主要工作上去。阿佛拉兹果尔汗（Afrazgal Khan）是一位年轻热心而又聪敏的帕坦（Pathan）画图员，从刻伯尔来复枪队（Khyber Rifles）加入我方，作为卫队，他后来因为成绩优异，在印度测量局中得到很高的职位。此次之能以准备恰当，得力于他的探察帮助为多。所探察的都是几世纪以来，不曾有人走过的地方，于是在东北边发现一连串的遗址，很明白地指出我经过沙漠向敦煌所渴想追寻的中国古代军路同商路就是取的这一个方向，如非全体，最少也在开始一部分如此。

最近这些遗址的地方是一所古代葬场，距楼兰遗址四英里左右，位于离风蚀地面约高三十五英尺的一座孤立的土台（Mesa）上面。土台侧面的坟墓因为风蚀把堤岸削去，以致一部分暴露在外，驯至塌下。土台上面尚未为风力所毁，在那里有一群大坟堆，急速清理之后，得到许多古物，情形甚为混乱。

人骨棺木残片之外，还杂有各种殉葬的器物，如死者个人用的有花纹的铜镜、木制兵器模型、家具、写在木版同纸上的中国文书，最了不起的是闪耀在我眼前的光怪陆离的织物。其中有美丽的彩绢，很美的地毡，同绣品残片，堆绒地毡，此外还有粗制的毛织物同毡子。我当时明白各种衣饰残片原来是用在这里缠裹尸体的。中国之同中亚以及辽远的西方直接交通，因而开了这一条古道，就是由于古代的丝绢贸易，这种情形我用不着多说了。

从各种指示可以很容易地认识这些坟堆的内容，一定是从其他更古的坟墓，因为风蚀或其他同样的原因以致暴露，甚而惧其完全毁灭，所以收集到一处。按照中国至今尚存的风俗保存在这里的遗物，可以指定时期是在汉代，其时中国的贸易同国力第一次向中亚扩展，约在西元前第二世纪的终了。

这里所得许多五彩和红色美丽的花绢，据后来的证明，十足可以表现贸易仍取此道经过楼兰以向西方的中国丝织物美术方面的风格以及技术上的完美。西历纪元前后中国织物之残遗，其之所以引起特别注意，乃是因为这些东西是就在最古的丝道上保留到今的。而同样重要的是在研究远东和西方古代关系的人看来，装饰的织物中还有精工制造的地毡残片，所显示的风格，丝毫不错是希腊式的。无论是本地制造，或是从极西的中亚地方输入，我们从此可以见出一种文化力量显著的说明，那条碛路对于这种文化的力量已经服务了好几百年，只是方向相反罢了。

这些是现在所知中国装饰织物美术最古的标本，关于这些标本技术材料以及图案研究有趣的详细情形，具见《亚洲腹地考古记》一书。但在这些显示希腊罗马影响的地毡中，我要请读者特别注意有十足希腊罗马式图案的赫密士（Hermes）头部那一块美丽的残片。另外一块地毡残片很奇异地反映出中国同西方美术混合的影响，显然是中亚出品。在这里边缘部分的装饰风格，明明白白是希腊罗马式，此外还连有一匹有翼的马，这是中国汉代雕刻中所常见的。

再继续向东北十二英里，以前受库鲁克河河水至今还有死去了几百年的野白杨树和红柳树干作标识的最后的干河床都抛在我们的后边了。于是我们走到一座有城墙的小堡，据查考所知，这是以前中国的使节军队从敦煌到有人烟的楼兰地方第一个休息的驿站。墙垣用苇秆和泥相间仔细筑成，这同敦煌沙漠所有从汉代长城延伸出来的边墙，其年代在中国第一次向塔里木盆地军事进展之后极为相合，暴露了两千多年，还是保存得极为完好。这是此路向西前进时西边的一座墙头。

堡墙建造的技术同敦煌古边墙一样，所以能好好地抵抗此地的恶敌——风的剥蚀。风的毁坏力工作了两千年，对于这厚重的城墙，还不能予以严重的损害。但是堡内，风的力量却造成了可怕的伤害，扫成的洞穴在地面以下深到二十英尺以上。但是在北墙遮蔽的一个垃圾堆里却找到了记有年月的中国文记录，同楼兰所得的大部分相似，为此道最后放弃以前，西元后第三世纪终了以后之物。

在这座大堡垒以外，还找到一些别的遗址。最有趣的是东北三英里左右，耸出地面足有一百英尺，在周围沙碛中成为伟观的土台上面一座小遗址。这显然是楼兰土人所据的一个瞭望台，地位既高，加以自古以来气候之绝对干燥，所以露在外面的坟墓中男女尸体保存的状态极可惊异。有些尸体保存得很好，此外还有殉葬的东西。从饰有羽毛和其他猎获物件的毡帽、旁边的箭干、粗韧的毛衣织得很干净的盛食品的小篮之类看来，都可以见出这是一个半游猎的种族，同《汉书》所记漠路初通时中国人见到的楼兰人正是一样。

俯视这些尸体，除去皮肤干枯以外，简直像熟睡了的人一般。同二千年前住在此间，并且也安于可怕的罗布区域生活的这些人民面对面地望着，这真是一个奇异的感觉。这些人头的特点很近于阿尔卑斯种型。据我所收得的人类测量学材料的证明，现在塔里木盆地人民的种族组织，还以此为最普通的因素。从此处高地向远处一望，更可以确定我们所在是以前维持生命的河水所到地方的东头。东边以外，便是作干了的罗布海床标识的一望无际闪闪发光的盐了。

除去直接的意味而外，所简单指示的这些发现还特别有其重要之点，这对于仍然摆在我们面前经过可怕的沙漠向东找寻中国古道的困难工作，可以供给一个安全的出发点和若干指导。但是立刻出发，却又不能。我们在滴水皆无的沙漠中，常受冰风的袭击，加以不断的劳苦，罗布族工人虽然像坚硬的器械一样，也都已经筋疲力尽。所以我于东北部伸出的遗址作最后的发掘完毕以后，便把工人带回楼兰大本营，由此他们可以安然回到生存的世界中去。

我以前曾派我的老旅伴拉尔星（Rai Bahahur Lat singh）从磨朗出去，沿死塔里木河到宽车河，然后折入干河床以至楼兰，作一度测量；此时他回到遗址来，我不禁如释重负。与他同来的还有库鲁克塔格勇敢的猎户阿布都拉欣姆；阿布都拉欣姆在沙漠中有很久的经验，并随来许多骆驼，于是我们一队凭空添了新鲜的力量。他的骆驼中有一头母骆驼在楼兰遗址生下一头小骆驼，生下不几日，便随着我们横越这些滴水皆无满是盐粒石块的荒漠，却毫无所苦，精力之佳，于此可见。

由先后发现的遗址地位归纳得来的地形上的指示，古代的大路似乎还在东北方。不过我们所要找的是古代边墙以外通大路东头的直接路线，这样一来会使我们呈一直角离开前面地图所标示的路线了。这种观察显然使我们寻找古代大路的兴致为之减低；当前的地方确实证明所有一切人生必需的东西，连水在内，一概没有。

这样一种经过绝对荒凉的沙漠旅行，为保持安全起见，自须有缜密的准备。估计起来至少有十日的长途，而在前几星期我们勇敢的骆驼，已经过艰苦的工作，还要走这样长的路，对于骆驼的耐苦力真是一个严重的试验。所以第一步先得把我的队伍向北迁到很远的库鲁克塔格山麓阿尔特米什布拉克（Altmish-bulak）咸泉子。三日的程途，又于俯视这古代河畔的沙滩上发现有趣的中国小墓葬遗迹。然后使我们的骆驼在阿尔特米什布拉克休息几天，找一点芦草，有机会时并于三星期之后能得到一点水喝，恢复气力。对于我们这些人呢，这一小块植物，看来也很高兴。

补充冰水以及仔细地将燃料安排妥帖之后，我们遂于 2 月 24 日出发，从事各人的工作。一方面由拉尔星担任测量代表干涸了的古罗布海床的大盐层盆地未知的东北岸的工作。我自己同阿佛拉兹果尔打算寻觅离开以前有人烟的楼兰区域边上的古代中国大路，向着敦煌追踪大路所经过的任何地方。这是很迷人的一个工作，有历史同地理两方面的意味，但是也异常困难而且危险。

我们前面地方一般的性质，据我所知道的，在入从婼羌到敦煌的队商道以前，水是没有望的，大部分地方连溶冰的燃料也没有。这有十天左右的苦路，而我们勇敢的骆驼于以前几星期在滴水皆无的沙漠中已经受过一番折磨，至是忍耐的力量也自有个限度。在这一切无有的荒野，我们会要遇到什么物质上的障碍以及阻拦，无法可以预知。至于怎样能恰合那古代大道的路线，怎样从这有史以来比地球上同样大区域更为荒凉的地方去追踪，仍然成为问题。要仔细搜寻古代贸易所留下的任何遗物，会没有时间。所想望的东西，若不是大部分，也有许多是要靠好运气，此外还得看我以前观察所能抽释出来的暗示如何。可是运气照顾我，比我所希望的好得多了。

当我们向南走了很苦的两站，地势上的困难立刻就自行出现了。横过满是硬盐层的迂回曲折的峻土台和小丘，于 2 月 25 日到达那伸展的小堡附近，侥幸得很，我在这里又发现一些遗址，确定了我所设想的结论，大道开始的位置确是偏东北方。在那有死植物的地面边上，有一塔形台地，台地顶上有一几乎完全蚀去的古代碉楼遗迹，形式同我在敦煌以外中国古边墙所看到的一样。我们显然是走到干河以前曾经流灌过的地方最东头了。从此以往，更无遗迹指引我们；我们现在所走过的地方在有史以来一定同现在一样，植物动物全都没有。我们如果把倒在盐地上最后的死红柳树残余抛弃在后面，我觉得除去我们所踪迹的一条路而外，我们是从死地走入从来不知有生命的地带了。

但是当我们取罗盘的东北向走过绝对荒废的黏土或者盐层地带有时候看着前途似乎是不吉利了时，机会常常前来救助我们，沿途找得中国古钱、小件金属器物、珠子一类的东西，意思似乎是告诉我们所走的路，离中国使节军队以及商人在这无生物的荒野中走了四百年的古路还是很近。当时此路虽蒙昧不明，而中国人之选择此路，在地形上自有其很好的理由；而由上而所得的遗物而言，也足以表明我之依赖他们，是不错的。

所得的这些东西，只要拣最可惊异最快意的在这里说一说便足够了。作古三角洲终点标识的死草木的最后踪迹久已抛在后面，我们忽然找到了古代的路线，在阴沉的盐层黏土地面上明明白白地散布二百枚左右的中国古钱，距离相隔有三十码左右，方向自东北至西南，呈一很好的直线。这些方孔钱都是汉代形式，似乎是新铸的一般。显然是护送人员带的钱，绳子松了以后，从钱袋或箱子的孔中逐渐漏了出来。在同一方向约五十码外，地下还散布一些青铜箭镞，显然是全没用过的。形状重量同我熟识的敦煌古塞所得那些汉代军用品正是一样。这些钱币以及箭镞一定是汉代运送军需的队伍在去楼兰的途中掉下来的，毫无可疑之处。至其所以仍在地上，也容易解释，大约护送的人在夜间开动，稍微离开正路，而方向仍然不错。

在那一天的长路中，我们经过很长一串的大台地，风蚀得奇形怪状，使人疑心那是一些圮塌了的塔、住宅或者寺院。这些风蚀了的土堆很容易认出就是某一中国古书中所说靠近古罗布海床，一称盐泽的蒲昌海西北边沿，中国人眼中看来甚为神秘的"龙城"遗址。最后我们再向东北走了一天，经过纯粹裸露的黏土同石膏层，到达一片可怕的风蚀了的盐层台地。这显然相当于中国古书中常常道及，描绘如画位于去楼兰古道中间的"白龙堆"。我们那些可怜的骆驼脚在此中行走甚为困难。驼脚已经钉过掌子了，上面所说再钉掌子的办法，差不多夜夜举行。但是行过那可怕的硬盐层地面的死罗布海，情形尤其恶劣。

　　我正准备攀登一座用作我们指引点和瞭望台的大台地，在斜坡上侥幸找得一些中国古钱同金属物件，其中有保存得很好的铁匕首同铁勒，指明这在古代的大路上显然是用作休息的地方。再视察当前的地面，脚下一片地面平坦干净，没有盐质，行人经过那远处坚硬盐层的海床以后，一定要停下的，所以此地为休息用的假想，因此更可确定了。

　　我于是即刻决定一直向东渡过海床，第二天横越的结果，证明我的引导果然不错。横渡这一片化石的海床，硬盐层皱成倾斜形大块，其间复压成小小的棱角，无论人同牲口，一样地都很困难。这种疲精竭神的旅行约经二十英里，我们便在硬盐层的对面踏到第一块柔软的盐上，能以在那里休息一夜，我有理由对于我的选择感到欢喜，得到发现，更其鼓起我的高兴。据后来的测量，我们是在最狭处横过可怕的盐质海床，于是把在那人同牲口都找不到舒适的休息地点的一夜停留算是逃过了。

　　古代中国的先锋队之所以选择此线为其通路，当然是由于这方面的考虑。我们经过白龙堆对面地带，到达古盐泽东岸，关于古代贸易之取此道，由所得的古钱以及其他小件遗物，又有了考古学上的证据。沿岸行三站，经过仍无任何有生气的以及死的草木踪迹，而较为易走的地面以后，最后把我们带到一座低沙丘的最后伸出点，由北俯临于古代干海床极东伸出的大海湾上面。峭壁耸然，俯视下面的大海似乎依然犹存，我们沿岸走过，看到有一处地方中国的大路仍很显明，我因而大慰：在那里横截一座盐质海床的小海湾，几世纪来由于运载的牲口，大概还有些车辆，遂踏成一条直广的大道。

　　自阿尔特米什布拉克出发后第九日，我们第一次看到长在干海床岸旁沙壤中少许的灌木丛同芦苇，不禁如释重负。于是向东南最后行一大站，安然走过有真正盐泽的一大片盐层海湾。到达往敦煌大道的寂寞的库穆古塔克（Kum-kuduk）井子。

　　中国史书上所说如此伟大的贸易，横过自古以来便已无水无燃料无草穷荒不毛的那一条一百二十英里长大路，是怎样组织怎样支持的问题，我无须乎在此处讨论。这在文明的交流上面，有极伟大的成就。事实上其由于中国方面的声威、经济的富源以及组织的能力，实远过于中国人民以及统治者军事方面的力量。老实说，这可以视为精神胜过物质的一种胜利。

第十章
古代边境线的发现

　　我们完成这一次的沙漠旅行,一共横渡十七大站地方,普通的算法仍同马可·波罗时代一样说是二十八段,至于我们环绕楼兰探险以及经过那里所遇到的困难还没有比较。

第十章　古代边境线的发现

1907年2月21日，我在磨朗发掘完毕，将所得古物安全装箱以后，开始长途的沙漠旅行，经过可怕的罗布淖尔沼泽向中国本部同甘肃西境的敦煌前进。马可·波罗之"通过罗布沙漠"也是取同样的道路。马可·波罗之前六世纪有一伟大并不相下而为虔诚的香客玄奘法师，在西域漫游了多少年，于是满载佛教遗物以及经典，也从此道复返故国。

这条碛路在罗布淖尔之南延长到三百八十英里，虽然赶不上古楼兰那一道的重要与直接，历代以来一定有过很多的队商贸易，其在实际上之所以复为世人所遗忘，乃是由于中国西进势力的衰弱，不然便是因为严厉禁止同外国通商。于是到中国最后再征服塔里木盆地以后，才重又发现。自此以后这一条路上始又有和阗、莎车的商人偶尔出现，但是也只限于冬季几个月，那时候可以用冰来克服沿途几段井泉咸卤的困难。

我们完成这一次的沙漠旅行，一共横渡十七大站地方，普通的算法仍同马可·波罗时代一样说是二十八段，至于我们环绕楼兰探险以及经过那里所遇到的困难还没有比较。在这一次的旅行中我们没有遇到一个行人，没有生命的岑寂容易使我体会到古代行旅者循着这条寂寞的碛道所生迷信恐怖的感觉。

中国佛教僧人的游记以及史家的记述都很正确地反映出这种感觉。但是马可·波罗对于罗布沙漠的地理上的叙述更其栩栩如生。我忍不住在此处要将玉尔（Sir Henry Yule）的译文引证两段：

"这一片沙漠很长，据说由这一头骑马行到那一头，要一年以上。此处较狭，横越过去，也得要一个月。全是沙丘沙谷，找不到一点可吃的东西。但是骑行一日一夜以后，便可以得到淡水，足够五十到一百人连牲口之用，多了可不行……"

"没有牲畜，因为没有东西可吃。但是这一片沙漠却有一桩奇事，如果旅客是夜间行动，其中偶有一人落在后边或者有睡熟等情，当他打算再会到他的同伴，他会听到鬼语，于是误以为就是他的同伴；有时候鬼会叫他的名字；于是一个行人常因而迷路，以致绝对找不到他的队伍。许多人都是如此丧命的。有时候迷路的行人会听到好似大队的人马在真的路线以外杂沓往来的声音，若以此为其队伍，他们会随着声音而去；破晓之后他们才知道是上了当，但已经是置身苦境了。甚而在白昼也可以听到鬼语。有时候并可听到各种各样乐器的声音，最普通的是鼓声。因此作这种旅行，行人的习惯都是彼此紧紧团结在一起。牲口颈下也系了铃，如此方不易于迷路。睡的时候放一个标识，以指示下一站的方向。这样一来，沙漠便渡过了。"

我们沿着大干海床的盐质海岸，一大站一大站地过去，然后到划分东库鲁克塔格山麓和布满在南面库穆塔格（Kum-tagh）沙滩上面高峻沙脊的一片宽广的荒谷，占据我的大部分的思想者却不是这些古代民间的信仰。有许多有趣的地理学观察把我的精神缠住了，特别是我们经过那像漠头的地方走进初看甚为难测的地方。

在那北环阴郁而绝对不毛的库鲁克塔格斜坡，南界三百英尺以上的高沙丘之间，有一大片盆地，盆地中间有一连串显明的干湖床，湖床周围以及其间，有异常高峻迂回错乱的土台地。这些湖床证明是古代疏勒河的终点盆地，如今河流的终点是在更南十五英里的大盐泽中了。以前相信疏勒河注入喀喇淖尔（Kharanor），现已证明还在更东边相差经度有一度以上。

现已干涸的较古终点盆地的发现，极其富于地理学上的趣味。这在有史时代塔里木河同库鲁克河终点盆地所有的水道变迁方面，是一个很好的例子。表示较古时代吸收南山山脉一大部分积雪的疏勒河，原来是注入大罗布泊的。所以罗布泊的灌域竟从右方的帕米尔起，横越亚洲腹部，以及于太平洋。

我常有一种思想，以为在中国以前通西域的道上古代贸易之因而进行，始于张骞凿空以后，并且以为人类的辛勤痛苦也于此可以证明了。据《汉书》所记的寥寥数行，楼兰一道（我们可以简捷地叫它这个名字）东边的起点是一有堡垒的边城，古代中国史书称此为"玉门关"。玉门之得名始于和阗的美玉，和阗玉自古至今是塔里木盆地输入中国的一宗重要货品。但是这有名的玉门关，确实位于何处，中西学者都不明白。

我于婼羌阿布都尔一带考察时，在那到玉门关去的路上，得不到任何遗迹的任何报告。法国外交官波宁先生（Monsieur C. E. Bonin）曾打算从敦煌出发，循碛道到婼羌去，沿途曾经过一些倾圮了的碉堡以及沿着碉堡的一些近墙遗迹，后来行到喀喇淖尔西边，遇到一些沼泽，不得已只好退回，1899年他出版了一部小书，叙述此次失败的经过，我曾读此书，略知一切。波宁所经过的记载，暗示那些遗迹的年代一定很古，但是缺乏任何地图同路线图，所以无从测定这些遗迹。

所幸阿布都尔留心的老穆拉是近代此道一位真正的先驱者，曾告诉我说从迂回错乱的高土台地出发后第一站，可以经过第一座"宝塔"，我们的希望还不至于落空。3月7日傍晚的时候，我们行过一片光石子的高地，看见离我们所走的路约一英里，有一座小土堆引起了我的注意。到了那里，不禁大喜，那是一座用硬土砖造成，高达二十三英尺左右，保存比较完好的碉楼。

我看见那熟悉的红柳枝层，在一定的间隔中，插进两层砖间的情形，便知这座碉楼年代之古是毫无可疑的了。碉楼建在深削的干河床岸边，取一易于防守的地位。毗连处我找到一座小建筑的地基，残圮得很厉害，大约是守望者的住处。在此间找得一些破铁器、刻画的木头以及一片坚韧的毛织物，立即证实了这种断测。后来有系统的调查证明这是古代防守边界线极西段前方的一座碉楼。

因为驮马所带的刍秣现在开始减少，迫不得已只好沿途不作无谓的延滞，向着尚隔五站的敦煌沙漠田前进。第二天早晨，我们离开疏勒河终点河床旁边我们休息的地方只有三英里，我看到东南方不远处一条石子岭上，又有一座碉楼遗址。让驼队沿着显明的大道走去，我急忙上去。建造同第一座碉楼一样。周围平沙地面，并无其他建筑的遗迹。但是我的注意即刻被附近平沙中露出一线的苇束所吸住了。随着这道苇束沿高地走不多远，我不觉大为高兴，这一道线一直向东边三英里左右的一座碉楼伸去，形式明明白白是横过低地的一道城墙。

略为搜检便显出我是真的立在这道边墙遗址上面。把一薄层流沙清除之后，就看见用苇秆捆在一定的间隔同泥层交互砌成的一道正规的城墙，全部经过盐卤渗透之后，坚固异常。墙外面，同内部成捆的苇秆成直角形，还放有别的苇秆捆，扎得很仔细，形如束柴，砌成堤形。苇秆束一致长八英尺，厚约八英寸。这种奇形怪状仔细坚固的墙，本身对于年代并不能有确定的端倪可寻，幸而有很好的机会，鼓起我找寻必要的年代证据的希望。

墙顶苇秆捆中露出小块绢头，翻检之余，得到五彩画绢残片、残木版，以及上书中国字的小木片，所写的字异常清楚，形式也很古。无年代，只有"鲁丁氏布一匹"字样。我那位很好的中文秘书，态度甚为谨慎，只说就字体而言，比西元后第十世纪以后所用者为古。我对汉学虽然不懂，然而我敢大胆说这或许是汉代的东西。

这些明明很古的遗物何以同用来筑城的材料混在一起，那时候我对于这一个问题并不十分措意。我所留意的是看得很清楚的成为一线向西南同东方伸张的那些堡垒。为着要追随向敦煌去的大队，我于是转而向东，此事我没有理由去反悔。从一座堡垒走向又一座堡垒，我找出那种奇怪的墙，一长段一长段地不时出现。

有些地方还保存有六七英尺高，别的地方因为风蚀看来只似平坦的沙地的隆起。但是略一刮掘，在这里也现有同样的苇草束或灌木束。在傍晚我到达扎帐篷处之前，我得到很明白的证据，证明这些碉楼意思是拿来保护一段连续不断的边墙的。这不禁令人想到罗马帝国从诺森伯兰（Northamberland）的哈德良长城（Hadrian's Wall）以达于叙利亚阿拉伯，保护边疆，以防蛮夷入犯所筑的那些长城（Limes）了。

这真是一个有意义的发现。值得继续探险一番,这一道线可以再走两站,全长在五十英里以上,碉楼实际在大路上,否则离北边距离不等处可以清清楚楚地看得见。我们一路前进,沿途也可以看见更有意思的遗迹,其后路近敦煌沙漠田,我们不得已始转而横过赤石子高地以向东南。

对于敦煌西边沙漠中所有这些遗址作有系统的探险之前,必得先将给养以及发掘工人弄妥。所以我现在向南到后来称为沙州的敦煌去。最后一次的大回乱,这一处沙漠田所受可怕的损害,如今在敦煌小城的四周围还可以看出很多的证据。在这稀少的人口当中,要找到最少最少的发掘工人,都很困难。所幸当地文武两长官对于我的目的表示同情,尽力帮助,因此到 3 月 24 日,我居然能带领十二名吸鸦片的发掘工人再度向沙漠中出发;此地所有能够征集的工人全尽于此了。

为要证明我所推测的这道古代边墙是否继续伸向东边,并且由此是否大概沿着疏勒河南岸和其他诸湖修造,我于是把路线起首转向北方。但是我搜寻两天的结果,显示找古代中国长城遗迹的希望是失败了。据后来调查的证明,乃是由于疏勒河及疏勒河大支流党河的洪水泛溢,以致一切遗迹,全遭淹没。但是当我更转向东方寻找的时候,我居然又能遇到一道边墙和碉楼。我的喜悦在这一次意外的发现中是完全不虚了。在这里那一道边墙大约有十六英里左右的距离,实际上丝毫没有间断。

边墙位于低高地的光石子地面上,比冲积地高得多,在有低沙丘处戛然中断,过此便是保存得很好的一段边墙。厚达八英尺,两边实际上一无损伤,耸立此间高度仍达七英尺以上,建筑方法之特别,在此处很容易研究。芦柴和相间的泥层,因为此地土壤和水中之含有盐质,已成为半化石的状态。

在这种地方墙的本身便可以抵抗人同自然。由于芦柴束连合的弹力和黏着性,所以抵挡迟缓而不断的风蚀力量,比任何其他东西都要高明。我注视着耸立前面几乎垂直的城墙,不能不惊叹古代中国工程师的技巧。在这一望无垠的沙漠中,无有一切出产,有些地方甚而滴水俱无,建设这种坚固的城墙，一定是一桩很困难的工作。然而这最后证明直抵额济纳河全长达四百英里以上的长城，竟于比较短时期间告竣了。

当我在靠近大部分的碉楼以及毗邻小屋遗址的垃圾堆里，找出许多中国字的木简的时候，尤其增强我的满意。那些有字的小木片上有许多证明是有年代的，据我的中文秘书检阅的结果，所有这些年代都是在西元后第一世纪，我们因此更为兴奋。这里的边墙遗迹在前汉时候便已被人据有，而我手中所有的是中国写本文书中最古的东西，那是确实无疑的了。

我尤其喜欢的是蒋师爷匆匆检视一过，把这些木简的内容也弄明白了。木简的性质差异很大：有关于军事统治简单的报告同命令；收到器械给养一类物件的呈报；私人的通信之类。此外还有学校字书以及书法练习一类的残片。但是这些材料充分的解释，还待长久的研究，那是很明白的。事实上有许多古文字学以及字句的问题，尚待大汉学家沙畹先生锐敏的语言学知识来解决。

这些杂"纸"，就文具的观点看来，其年代杂乱，是容易知道的。薄木片最普通的形式是大约有九英寸半长，四分之一到半英寸宽。每一行所写中国字常有三十个以上，可见当时流行书法之异常干净。所用的材料除光滑细致的木片或竹片以外，并还有本地出产甚多而比较粗糙的红柳树，不大正式的通信便用此种材料。截成无定的形式，用来抄写，当然是很好的；屯戍绝域的兵士显然以此消遣永日。

木简上面有许多刮削的痕迹，可见木简来源的昂贵，于是用了又用。从围绕着远戍绝漠的那些卫士的狭道的垃圾堆里所找出的那些杂乱的遗物中间还有旁的证据，据研读木简的结果所示，屯戍的将士大部分是犯了罪的，因而从帝国的本部远役绝塞，否则是不大会如此的。

到了4月1日我们对于所有碉堡的探寻已经完毕，而严寒的沙漠风暴不断地吹来，扬起一阵很重的尘雾，我们那时候只好向东移动。我们的一小队中国挖掘工人已经筋疲力尽，无论如何应该回到我们敦煌的根据地去。在那里停留了一天，我又招集了一批新力工人，以及一切应用的东西，备在西边沙漠境界上作长久工作之需。我所采的新路线使我首先到伸出去的南湖小沙漠田,南湖是一个小村落,我在这里可以找出在《汉书》上同玉门关连带说及的古代"阳关"的遗迹。这是军事上的一个站头,用意在保护通塔里木盆地的"南道"。此道沿昆仑极东高峻而又极为荒凉的斜坡而行。敦煌至婼羌的碛道因为滨于古代干枯了的海床,井水咸卤,一到晚春,路便不通,到了冬天才行恢复,在这期间商运往来,还偶然有取南道的。

沿着和平的小南湖地方作考古学上的考察,到4月10日便完毕了。此后移向北方丛莽掩覆的沙漠之中,第二天达到紧靠我们第一次扎帐篷地方的长城线上。我们自从在敦煌东北方一段长城遗址有所发现以后,对于遗址年代之古远,便已确实断定,至是重回到这边墙上,委实觉得足以骄傲,更其喜欢的是有机会来充分地发掘遗迹。仔细测量探寻过的长城线长度很大,气候一方面的情形愈感困难,同当地一切出产的距离也愈远,因此工作也更为艰苦。但是这是一桩很迷人的工作,后来得到的报酬证明比我所预期的要丰富得多。

在本书内要将一个月忙碌的发掘,把这些最古的长城防卫的情形,以及沿长城线几世纪来所显示的生活状态,所有重要的事实作一有系统的叙述,因为限于篇幅,实办不到。在这地方所有一切的发现同观察,以及几百件文书的解释,在我的《西域考古记》一书中都有详细的记载。在这里把特别的遗址瞥记一二,把所得的东西约略记述,便已足够了。

沿伸张出去的长城西段的光石子高原边上,有很多相距不等而保存得很好的碉楼翼然耸立。这些碉楼无论是用土砖或用泥建,都很坚固,基部方达二十英尺至二十四英尺;到顶上逐渐缩小。这在以前是一座小瞭望台,有雉堞作保护。大多数的台顶只能用绳攀缘上去,至今在砖墙上还可以看见托足用的孔穴遗痕。

碉楼的位置以前经过一位眼光锐敏的人选择,一律得着地利,既适防守复宜瞭望。因此各碉楼间的距离,都看城墙线外的地方是否易于观察而大为不同,这是很重要的。同样,一律选择高出的地方,以便传布烽火的信号。夜间用火白昼用烟的组织严密的传达消息制度，当时推行于全长城线。这在文献上以及我所找到供作信号用的材料的实在证据方面，都可以证明的。

风蚀是实际上无雨区域中古代遗迹一个最大的仇人，在沙地地面上很可以施展一番力量。然而这些碉楼自建造以来，历时已两千年，仍然保存甚好，是无附近地方风蚀力量很小的显明证据，我真要大吃一惊。我屡屡看到一个月前我骑马经过的足印，依然新鲜如故。七年后我因第三次探险再回到这里，还能认出我自己的足印，甚而有些地方连猎狗的足印也是明白清楚，这一切都是同样的可以惊奇。

仔细利用各种自然的形态并细心适用地利，这是古代计划建造守势的城墙时候最注重之点。我们考察到城墙西段证明中断以后，是充分地表明了。城墙沿着向罗布的大路伸展，用意显然是在保护同守视。然后终止于疏勒河床经过处，由此突然转向西南，蜿蜒二十四英里左右，遂止于沼泽地方。解释起来就是古长城转角处达到疏勒河大终点盆地的极东北角上。这里延展出去约三百平方英里，地面上满是沼泽纵横，一年中大部分时候极难通过。这对于骑兵的袭击可以作有效的防御，有好一程地方能够高枕无忧，所以古长城即止于此。

第十一章
沿着古代中国长城发现的东西

其时匈奴人在北部沙漠地带还依然纵横跳荡,谋这条贸易同军事行动的长交通线的安全,自然为当务之急。罗马人的长城线原来就是帝国向边陲军用道路整个系统中的一部分;中国用作向西发展工具的汉武帝的长城,正同古代罗马帝国的长城制度相像。

在叙说从中国长城遗址所得特别有趣的东西以前,为方便起见,可以将第二章所曾简单述及的历史事实复述一遍,这可以使这道边墙的建造呈露光明,并可以说明边墙主要的目的。当西元前121年(元狩二年)汉武帝在南山北麓将匈奴人逐出牧地以后,立刻在供他的前进政策作向中亚前进之用的通路上建立了军事根据地。《汉书》说在同时展长中国古代的长城,开始向西建造一道城墙。目的自然是为着要保护向塔里木盆地扩展的贸易和政治发展而辟的大道。

其时匈奴人在北部沙漠地带还依然纵横跳荡,谋这条贸易同军事行动的长交通线的安全,自然为当务之急。罗马人的长城线原来就是帝国向边陲军用道路整个系统中的一部分;中国用作向西发展工具的汉武帝的长城,正同古代罗马帝国的长城制度相像。Limes一字用为从行动根据地推向前方的罗马军路的专门名词,这里我们正好用以称呼古代中国的长城。

我们从《汉书》上知道到西元前108年(汉武帝元封三年),自肃州远至玉门一带,建立了连续不断的一长线驿站同小堡。那时的玉门关还是在敦煌稍东的地方。到了西元前102年至前101年(太初三年至四年),汉武帝第二次远征塔里木盆地成功以后,"于是自敦煌西至盐泽往往起亭障"。这些亭障的用意就在保障政治使节和商队的安全,以及供给他们沿路的给养。《汉书》上所有关于我所发现的这一段城墙同亭障的记载,取自中国历史鼻祖司马迁当时的记录,一定是确实可信的。

我们知道汉武帝对于中亚的通商同军事前进的政策,并不因地理上可怕的困难,而有所畏缩止息。所以前章末了所述到达终点的长城之向西展开,很可以说是西元前101年几年以内的事。清除防守长城西头一座碉楼的不重要部分之后,得到一大块有字的木简,上面有太始三年(西元前94

年）的年号，同我推想的一样，这一喜真是非同小可。据简上说，当地地名是大煎都，长城西端的这一个地名，也见于别处所发现的文书上。其中有一片上有太始元年（西元前96年）年号。因此我们有确实的证据，可以说长城的展开，在那时便已到尽头处了。

这些瞭望台，从长城终点起沿着大沼泽盆地的边缘，蜿蜒及于西南；当我发掘这些瞭望台之后，这种结论更其充分地确定了。由这些瞭望台彼此相距的距离，很明白地可以看出大都是当作烽火台，不可通过的沼泽为它做成一道天然防御线。高而分开的土脊，从石砾高地像手指一般伸入一望茫茫满是沼泽的盆地里去。这些是烽火台的理想地位，中国工程师造此，大部分没有失败。在二十四英里以上的距离之内，碉楼错布，几乎呈一直线，位置似乎是用反光镜观察摆成的。

几乎在所有的碉楼里面都得到有趣味的遗物，但是最多的要算长城线后面两英里左右，显然作为一种支部用的一座小驿站遗址。这些平庸地方的布置，一如设计，很容易弄清楚。进门处的木门框仍在原来的地位上；周围有一堵薄薄的被火烧红了的墙垣的灶，里边的灰依然存在。室内得到一些木简，大约是官员们用的，其中一片的年月正相当于西元前68年5月10日①。

尤其重要的是第一次试行搜寻遗址底下满布石砾的斜坡上面的垃圾堆，为时不久，便得到许多的中文记录。在仅仅几平方英尺的地域之内，得到有字的木简在三百以上。这显然是一位小官员的档案文件全部倒在这里，从许多有年代的木简看来，可知古代一位军中书启的那些"废纸"是汉宣帝元康元年至五凤二年（西元前65—前56年）间的东西。此处只能取其有历史同考古价值者，而对于这种边境军事组织以及沿路的生活情形能呈露光明的，稍为叙述一二。

这里所得的文书，有些只是重录或者称引关于在敦煌地方建立屯田区

---

① 为汉孝宣帝地节二年。——译者

域以及建造亭障或城墙以保边的一些诏谕，此外则是沿长城线军队的组织，各个不同的队名之类，也有关于长城其他各部分各烽燧的报告同命令。有些文书提到有"土官"的名称，证明此地兵籍中亦有非中国人的夷兵，同罗马前线上间驻夷兵正是一样。很奇怪的是我在邻近一燧中得到半段木简，上书古撒马尔干同布哈拉通行的古窣利语；这半段显然是作为符节之用。还有奇怪的是有许多片上书元康三年（西元前63年）、神爵三年（西元前59年）、五凤元年（西元前57年）诸年的精美历书，以及一段中国有名的小学书，有一大堆木头（削片），可见此间有些官员或者书记之流，急于想把自己的书法练好（这在后来是很重要的），于是把原来的字用刀刮去，再至三，做成简便的木简，以供习字之用。

就我们所知，极西这一段于长城初建的时候便已有人占住了。我们现在一定要离开此处，好向东去把长城遗址匆匆考察一次。沿着我所谓长城沼泽段，也作过许多有趣的观察，得到许多的发现品。可是在说到这些东西以前，我可以把东去途中所见到的T字八号碉楼约略叙述一二。我们起初看见的时候，只不过一座上盖石砾低平的土堆而已。然而就地位看来，这在以前一定有过一座碉楼。发掘之后，证明内中有一座颓圮了的砖堡堆，大约由于建造不佳，以致完全倒塌，倒塌之后把邻近守卫室的墙垣同屋顶也掩埋了。

瓦砾清除之后，在一些别的奇怪的遗物之中得到一件量器，形同鞋匠的足尺，上刻汉朝的尺度；又有一些木印盒，上有小槽，排列的形式可以用绳缚住，正同尼雅以及楼兰废址所得佉卢文木牍的盖一样。还有以前附于盒子或袋子上的一片木简，上面写明盒内装有"玉门显明燧蛮兵铜镞百完"字样。供给弩用的这种古代兵器，沿长城拾得很多。但是特别有趣的乃是一具保存得很好的木函盖，盖上刻有受封泥的方孔同绳槽，很像尼雅遗址发现的长方形木牍。木盖底面下陷，四边隆起成为边缘，证明原来是一种小箱盖，盖上写有清楚明白的大字，说是"显明燧药函"。1912年伦敦威尔康医学博物馆（Wellcome Medical Museum）开展览会，我曾把这具箱盖陈列，以见古代医药的一斑。

我们的帐篷第一次扎在靠长城的一座小湖旁边，由此伸展出去，有一段很好的有趣的汉长城，到喀喇淖尔为止。防御线至此，横过一串沼泽同小湖，这一片洼地从南方沙滩迤逦而下以直向疏勒河。于是蜿蜒而东，沿着一大片湖泽，疏勒河自喀喇淖尔出后遂入于此，防御线也就绕大湖一转。中国古代工程师之选择这条路线，煞费苦心，如此可以借天然的防御以为补助，又一方可以省建造同保护的工力。前面所说在长城西南翼一支部烽燧中得到的文书，上引诏谕是关于酒泉太守的，说"属太守：察地刑，依阻险，坚壁垒，远候望……"正是此意。

我们之考察长城，从小湖向东行十八英里左右，很清楚地看出诏谕中所指示的是很彻底而且很聪明地实行了。从那里起，每一片硬地可以容敌人入犯的通道都筑有城墙，如此以至于沼泽边上。有湖泽处即以湖泽代替了城墙，这样做成天然的防御，而又可以省去许多英里建造的工力。我们试想一想，在穷荒绝漠之中，要维持相当的人力建造长城，而给养同运输又是那样的困难，这种收获之大，便可不言而喻了。

向东伸到喀喇淖尔，然后沿着南岸的这一段，利用不可通过的沼泽，作为天然的障碍，其收效更大。疏勒河沼泽同大湖所构成的"水墙"，甚为宽广，除去疏勒河河床显然狭窄处短短的两程而外，其他各处竟没有建造城墙的必要。

因为上面简单述及的地形，使得我们在这个地点对于长城线的探寻，不能不格外感到困难。我的永远机警的中文秘书和从孟加拉工程队来的聪明助手雷兰生已经开始从事于清除这些平凡的遗迹，他们可以放心地留在后面，指导这种工作。我于是自行带两位从者，骑马出发，探测一切。他们先走，探看指示等待我们工作的每一个遗址，使我在近水处选择扎帐篷的地方。当我一英里又一英里地走过不毛的沙漠同盐泽，踪迹城墙同碉楼遗迹的时候，我觉得没有比在这种荒凉寂寞的边城上更能引起我的奇思幻想的了。碉楼固然可以作为远处的引导，而荒原之间的盐湖沼泽，以及沼泽沿边不测的狭长地带,有时候在我竟似乎一种障碍物的竞走一般。

寻找古长城的遗址自然还能使我更为兴奋。在有几段地面上,方向同常年的风向一致,低地的有荫蔽的位置减少风的剥蚀力量,于是城墙仍是翼然高耸,有几处还能到十二英尺左右。此外就得仔细视察地面,以便发现作为长城线标识的那些低下连续的土堆,整饬的结果,石砾底下往往露出芦柴束。

有一次在一片特别伸出来的高地上我偶然踪迹到了长城线,沿此地一直向东可以很容易地到最近的一座烽燧。碉楼的位置,都一律用心选择那些可以指挥最近的低地的处所。所选土台本身就能看到很远,因此碉楼也不甚高,至今还可以爬到顶上。我坐在那平常为荫蔽戍兵用的小室里,眺望广漠荒凉的沼泽沙漠,很容易回想起过去那些惨淡的生活。那里并无现在的生命来扰乱我思古的幽情。

横在我脚下的残迹,自为以前那些流徙绝塞的人所占据以后,平静寂寞不为人兽所扰者历好几世纪。靠近这些遗址,往往有很大的垃圾堆,那就是他们据有此地的时候堆积起来的。上面极薄的一层沙砾恰好足以保护最易碎裂的东西,至今犹是崭然如新。只要用靴后跟或者马鞭将斜坡稍为挑剔一下,便可以使平常惯于抛掷废纸,毋宁说是木简的堆积显露出来。所以不久之间,我就会习惯地从几英寸的地面之下,拾得西历纪元或纪元以前的文书了。

每当傍晚时候,我个人骑着马蹄躅长途,探察那些凛然的烽燧,想到两千年间,人类的活动停顿,自然也呈麻痹的状态,这有如一瞬间事,感动之深没有比此更甚的了。夕阳的光辉从十多英里外一座一座的烽燧反射过来,炫人眼目,似乎以前城墙上所有的垩粉依然如故。这种垩粉的用处自然是要使人远远地便可以见到烽燧。被沙砾掩覆了的城墙还偶然存有一部分的垩粉,层次显然,可见其常经修理。我们冥想古时烽燧城墙防护谨严,牢牢注视着迤北一带靠不住的低地,以防成群结队善于作战的匈奴敌人的情景,不啻如在目前!

第十一章 沿着古代中国长城发现的东西

就在城墙以及烽燧附近所拾得的许多青铜箭镞,以及蒋师爷所能认识解释的那些木简上的记载,证明边陲上突袭同警报是数见不鲜的事。无意间我的眼光投到盐泽左右的一片低地,匈奴人于烟尘滚滚中进攻以前,可以先在此处集中。只要越过那些堡垒,展开在眼前的便是大路,可以直达敦煌沙漠田的任何部分,以及更东中国有人烟的地方。当我想到几世纪后,命运规定了这些匈奴人西去摇撼罗马帝国同君士坦丁堡的时候,不仅时间,便连距离的概念也似乎遇着危险了。

夕阳的光辉斜射过来,过去的一切更显得真实了。城墙的路线于是一英里又一英里地表现得异常清楚,即使倒塌得只剩一堆低直的土堆,也是如此。那时忽然看到同城墙平行相距十码左右有一道很奇怪的沟形直线,走近仔细一看,原来是粗沙土上一条窄狭分明的道路,几百年来逻卒践踏往来,遂成此状。像我一样,其他的人也先后发现这种奇怪的道路,大都在离开商道几英里沿城墙处,只要城墙残余的高度还足以抵挡飞沙走石,便有这种道路存在。

在我第一次侦察的时候,我便已作了又一种奇怪的观察,起初看来也是一样难于明白。我在许多烽燧处看见断断续续的一些奇怪的小堆,普通排成有规则十字交叉的五点形,或者排成一道直线,却彼此相距不远。走近仔细一看,底部大概有七英尺到八英尺,全用芦柴束作十字形交互一层一层地建成。高自一英尺至七英尺不等,全是一样。芦柴束初放时中插野白杨树枝,以为支持之用,时间稍久,便不需此了。经过盐质浸润的结果,芦柴束已成半化石的状态,但是芦柴纤维分开以后,还仍然柔软如故。

芦柴束的广袤同用以建城墙的一样。起初以为这是拿来备不时之需。但是后来又在好几处烽燧中得到此物,离开长城线甚远。我屡次找到一些火烧以后成为碳化物的芦柴,于是始恍然大悟。这样堆积的芦柴显然是烽燧昼夜备作举烽火之用的。中文记录方面也有很多的证据,证明在这一带古长城地方,烽火的制度有很有系统的组织。

我已经说过不能在此处把有趣味的发现品一一说到。但是有一件我要说一说。我在这一段长城一座烽燧尘封堆积的室中发现了八封干干净净用古窣利文字体写在纸上的书函，这是在我第二次探险队以前世所不知的。其中有些找到时外面用绢包裹，有些只用绳缠住。这种字体因为过于弯曲以及其他缘故，极难认识，现在知道这是中亚一带商人到中国以后发回的私人通信。他们显然很喜欢用新发明的纸作书写材料，而不喜用中国人所墨守着的木简。

据造纸史权威故冯魏斯涅教授（Professor Von Wiesner）用显微镜考察的结果，证明这些书函的材料是现在所知道的最古的纸。制法是把麻织物弄成浆，然后由浆以造纸，正同中国史书所记西元105年（汉和帝元兴元年）纸初发明时采用的方法一样。这些书函以及长城他处所发现的一些残纸同事实十分相合，由有年代的文书可以证明这一段长城除去极西一段外，一直守到西元后第二世纪的中叶。而在西元后一世纪起初二十几年王莽篡弑之乱的时候，此处似乎曾经放弃过。

在西元后第一世纪，古长城曾筑过一道复城一事，由沼泽部分中段向南所筑较后而稍欠坚实的横墙，标示得很明白。正在此处旁商道边耸立一座庄严的方堡残迹。砖筑的城墙，底部之厚足达十五英尺，至今高度还有三十英尺以上。土砖虽是异常坚固，然而外面大部分都已剥落，其年代之古于此可见。我们在内部没有找到有年代的遗物，但是在不到一百码处有一小丘，发掘之后证明那是一所重要的古代驿站遗迹。在那里找到许多中国文书，立即证明我们是撞到了汉代控制沿碛道一切戀迁往来的玉门关遗址了。尤其奇怪的是清除一座久已当作地窖后来用为垃圾箱的深窖，发现很多保存甚佳的木简。关于所得许多木简述及长城方面的军事组织、服役等奇异的细情，此处不能详说。

向北三英里左右，正在横墙同古长城线相联结处，我们找到一座烽燧遗址，在那里的废物堆里找到许多木简，中间年代继续有两世纪以上，一定也是一座重要的大本营。所得诸有趣的遗物中有一件是古代的绢，头上书汉字同婆罗谜文，这是古代绢缯贸易的孑遗。绢头上面备记产地，以及一匹的大小重量等项。这块即是由那匹上割下来的。同样稀奇的是在此地找到一个束扎住的小盒,中置带破干残羽的铜箭镞一枚。用同近代军事术语相合的当时公文语气来说是"(破)箭一支归库另易新者"。古长城所得文书中记及换发新弓新弩归还敝损者甚多甚多。

距古玉门关东五英里左右,在商道旁边长城后面,有一很庄严的遗址。有三间相连的大厅,全长在五百六十英尺左右,这种遗构的用途起初很不明白。坚厚的砖墙。至今有些地方虽还足足有二十五英尺高,而只开几个孔穴,显是作为流通空气之用。外围墙内有内围墙,四角有碉楼。建筑的奇特,使我们猜了许久,以为这是用作沿长城线军队屯驻移动,以及官员同政治使节取道碛路时供给一切的仓库。后来在内围墙一角垃圾堆中得到许多中文木简,简上说到从敦煌沙漠田输送粮食,以及积储的衣物等,于是把这种猜想充分证实了。所以我们在这里找到了前进的给养根据地,这在卫戍绝塞的军队以及取艰苦的碛路来往楼兰的人都是很需要的。

到这里我们可以离开中国古长城的西部了。在1907年5月中旬,我的探险已经远至于喀喇淖尔,其时天气愈来愈热,虽有沙漠中循环的风暴,仍是无济于事,加以沙漠中其他的困难和人力的疲惫,我不得已再回到沙漠田。那年秋天,南山探险完毕归来,我因此能够测定长城沿着疏勒河继续向东伸展,南至近玉门县河身大转弯处为止。玉门县就是从后来的玉门关得名的。

但是一直到1914年的第三次探险,我才能够从敦煌直趋额济纳河,计程三百二十英里左右,对于长城重行作有系统的发掘。安西沙漠田东边的长城已及于疏勒河右岸,走向靠近深削的河床;只因东北风盛,从北山沙石高原吹来,风势甚猛,在不毛的沿岸黄土地带表现充分的风化力量,所以遗迹不大能保存得很好。

再向东去,长城线于是靠近穷荒的北山山麓。在这里汉武帝时那些军事工程专家遇到可怕的天然险阻所表现的坚韧精神以及组织力量,又得到显著的证明了。在"营盘"小沙漠田东北三十英里左右,我们看到长城线很勇敢地经过自古以来即是一大片流沙的地方。这里的城墙全部用红柳束建成，厚度同平常一样，没有全被沙丘淹没，至今还将近有十五英尺高。修建保卫这一段长城的人，要得到水和给养，应费好多的力量，那是很容易认识的。

我们之如何经过沙漠戈壁到南蒙古边界以继续追踪这道保护线的经过，毋庸在此处细说。关于长城方面，就已经说过的而言，已十分足以表示中国最初进入中亚，急遽创造同继续保护这条通道之需要何等大的力量同有系统的组织。但是一看这种前进政策功成圆满所经过的那一段可怕的地面，不禁令我们感到中国人势在必行的展长长城以及后来汉朝猛进的政策，在人力方面所受到痛苦和牺牲，一定是很伟大的了。

第十二章
千佛洞石窟寺

1907年3月我到敦煌沙漠田后,在几日以内,第一次奉访这些石窟,便看出我的希望是完全实现了。石窟距沙漠田东南约十二英里左右,凿于峭壁之上,西面俯临荒谷的谷口。

在第一次中亚探险以后几年，我便从事计划第二次的探险，并很想将这一次的探险扩展到中国西北边界上的甘肃省去。我的朋友匈牙利地质调查所所长故洛克齐教授（Professor de Lóczy）曾同我说及敦煌东南的千佛洞佛教石窟寺，因此更大大地促进了我的愿望。教授曾参加过塞陈尼伯爵的探险队，为近代甘肃地理学探险的先进，在1879年的时候便曾到过千佛洞。他自己虽不是一个考古学专家，然而他对于在那里所看见的美丽的壁画同塑像在美术上同考古学上的价值却有正确的认识，他那种热烈的叙述使我大为感动。

1907年3月我到敦煌沙漠田后，在几日以内，第一次奉访这些石窟，便看出我的希望是完全实现了。石窟距沙漠田东南约十二英里左右，凿于峭壁之上，西面俯临荒谷的谷口。有一小溪从南山山脉的极西部分流下来，横截于山麓的沙丘中，但是现在流到石窟下面不远处便消失了。小溪流出的沙岩石壁之上，最初可以看见很多暗黑的洞穴，大部分都很小，像上古隐士隐居于辽远的底拜斯（Thebais）的穴居一般。这些洞穴大都很小，几乎全无壁画，说是大部分作为僧人们居住之用的地方，大概是不会错的。

再向上去，可以看到有好几百座石窟，大大小小，错落有致，像蜂房一般点缀于黑暗的岩石面上，从壁底直达崖顶，连成密行，有半英里以上。这些惊心动魄的石窟，壁上都有壁画，有的在外面也可以看见。其中有藏有大佛像的两座石窟寺一望就可知道；雕塑的大佛像高九十英尺左右，为使这些大佛像有适当的空间起见，于是依崖凿了一些房屋，层叠而上，每一间都有通路和通光的地方。

在这些石窟寺的前面原来依石凿成长方形的穹门。由于外墙以及面上涂有石垩的内墙倒塌，现在石窟寺便完全露出来了。有许多地方，无论是原有或是重修的岩穹门，后来修以木廊，也已损坏不堪。爬至上面的石窟，或为各石窟间交通之用的露梯，几全行破碎。因此石壁高处有许多石窟竟无从上去。但是因为没有穹门和木廊，也易于看出上面这些石窟内部的布置同装饰，大体上同石壁脚下所凿的那些石窟寺并无不同之处。

石窟前方地面以及进口处原来的地上，几百年来虽是堆积了很高的细沙，然而要上去却并不甚难。所以我即刻便知道了这些石窟的平面图形以及一般构造上的布置情形，全体都很一致。从长方形穹门进石窟寺本部，要经一条高而比较宽的过道，通光同气到内部去只有这一条路。各处的内部是单单一座矩形的厅堂，普通几成方形，锤凿坚岩而成，上面有一高的圆锥形屋顶。

厅堂内部平常是一座矩形的平台，饰以绘彩的塑像。平台中央普通安一尊很大的趺坐佛像，两旁随侍几群菩萨。菩萨像的数目各有不同，而常两方互相对称。千百年来这些塑像因为材料之自然崩蚀，甚而至于遭偶像破坏者以及善男信女修理的糟蹋，损坏之状，显而易见。但是不管这一切的毁坏怎样，石窟寺还有很丰富的遗物足以证明希腊式佛教美术所发展的雕刻技术，以及传播到远东的中亚佛教，都曾在此地继续了很久的时间。

一般的造像头臂，并且常连像身的上部，已毁于无知者之手，到近来才加以修缮。但是这种粗鲁的修缮更足以显出现存各部分之美，如衣褶布置之匀称，全部颜色之调和，即是一例。佛像镀金，还存有许多的痕迹，雕塑方面也煞费一番力量，印度西北边省、梵延（Bamian）以及和阗各处依山凿石而成的大佛像所表现著名的佛教美术形态，由此还可以看出来。

所有大石窟寺以及许多的小石窟寺中石垩墙面上的古壁画，全是佛教性质的东西，美术价值之丰富，真可以使人惊心动魄。大部分都保存得很好。这自然是由于空气和石窟墙壁之极度干燥，此外附在高低不平的石壁上绘壁画的石垩面坚韧有力耐久。至于我称壁画而用 Fresco 一字，那是因为除一座小石窟寺外，其余所有的壁画，全绘在石垩面上，为方便起见，所以借用此字。

在穹门同过道处的壁画普通都是一些菩萨以及尊者，排成很庄严的行列。有许多小石窟厅堂的壁画点缀一些小佛像或菩萨像，排列匀称，正同我在丹丹乌里克寺院中所见到的一样。此外还有联合很精致的花卉图案，作为大厅堂藻井的装饰的。在这些大的厅堂中墙壁上普通都是大片的壁画，四周缀以卷形的花卉图案，异常美丽。壁画下方护墙板常作供养人，有时候也画作僧尼的图像。

壁画下方满是精美的构图，有很多的人物。中间是一些佛像，两旁环侍各种各样的菩萨尊者之类，显然是佛教中诸天的画像。此外也有画作各种景物的，种类甚为复杂，似乎是取材于人间的生活。在涡形卷纹中常插入一短篇汉文，指示这些景物出于神圣的佛教传说。后来我在千佛洞所得的同样景物的绢画在伦敦经过专家研究之后，我才能确定这些壁画所画的是佛本生故事。

这些故事画中有很自由的风景画作背景，中国式的建筑，人物大胆的动作同写实的意味，很明显地表现一种中国作风。优美而又舒卷自如的云彩、花卉图案，以及其他装饰，作风都是一样。但是所有主要的神像以及环绕的菩萨尊者，相貌庄严，构图形式繁复多端，而从中亚传来的印度形式仍很清楚。希腊式佛教美术中所展示的神圣风习，虽在绘画以及着色的技术方面渗入了中国式的味道，仍然保存于佛像菩萨以及尊者的面貌鼻部以及衣褶之中。

虽有这种强烈的保守倾向，而那些壁画发展的情状，仍然各自不同。有很多考古学上的证据指明这些大石窟寺有一大部分时代属于唐朝；千佛洞在西元后第七世纪到第十世纪，也像敦煌沙漠田一样，盛衰起伏，曾延续过很长的一段时间。沙畹先生曾刊布过一篇唐代碑文的拓片，碑中述及千佛洞始建于西元366年（晋废帝太和元年、前秦建元二年），唐以前的石窟遗迹，应还可以找得出来。不过这不是像我这样没有汉学训练以及中国人间美术专门知识的人所能办得到的。而在又一方面，穹门以及过道墙上壁画作风较后，但是熟练而有力量，也是容易知道的。其中自然有不少受了损坏，据后来的碑文，元朝曾屡加修缮。

自唐室倾覆以迄于伟大的蒙古朝立国，中间历好几世纪，那时中国本部的边陲已不再是以长城为界，北有突厥部落的来犯，南有西藏民族的入侵。这种种动乱，一定很不幸地影响到千佛洞的光荣和修持其间的僧尼的人数。但是不管这些变动同毁坏是怎样，敦煌显然仍能保持敬佛的习俗。我将石窟逐一考察之后，敢说马可·波罗在他的书中记及沙州一章，对于当地人民崇拜偶像的异俗有很长的记事，也是由于看到这许多的石窟寺，以及人民崇拜佛像的热烈，印象甚深，因而如此。

敦煌的善男信女一直到今日，对于混杂了中国民间宗教的佛教，信仰之诚，还是特别热烈。我第一次匆匆往访千佛洞，便看出那些石窟寺虽显然颓败，然在实际上仍是真正的拜祷之所。5月中旬我从沙漠中探险古长城遗迹归来，正是每年盛举香会之期，草地中无论城乡的人民都成千成万地来到此处，此事尤其使我感动。我因此小心翼翼，这里虽有丰富的机会，不少的遗物，可以为研究佛教美术之用，然而开始还是以限于考古学方面的活动为妙，如此庶几不致激起民众的愤怒，酿成实际的危险。

1907年5月21日，我重来圣地，那时重又回到荒凉寂寞的景象，我于是把帐篷扎在那里，准备作长时期的耽搁，我所能说的是那时我又是另一种希望浮在心头。在我初到敦煌以后不久，便听到一种模糊影响的风闻，说是几年前偶然之间在一座石窟寺里发现了隐藏在那里的很多的古代写本。据报告说，那归一位道士保管，因为重修庙宇，无意中发现此物，后因官府命令，重行封锁云云。这种实物很值得去努力侦察一番。

我初到石窟寺的时候，那位王道士正到沙漠田化缘去了。那时只有一位年轻的西藏僧人住在那里，我于是向他打听，得知古写本的发现是在石窟主群北头相近处的一座大石窟寺里。进门处以前为坠下来的石块同流沙所壅塞。僧人很虔诚地在此缓缓从事修理，历好几年，过道有壁画的墙上裂一大缝，此处一门，后面即是凿石而成的一间小室。

据说里面满是写本卷子，用中国字写成的一种非中国语。所藏有好几车，现在将此处用锁仔细封锁起来。我在当时所能看到的只是这位小和尚借来用以光彩他那座小寺院的保存很好的一长卷。中国字写得很美，据蒋师爷草草一看，说写的是一卷中文佛经。并无年代，但就纸张同字体看来，一定很古。所有其他的一切研究，俱行放下，现在只有等待看到了整个隐藏的图书馆再谈。那时证实此物的存在，真给了我十足的鼓励。

5月间我回来的时候，王道士已在那里等候。他看来是一个很奇怪的人，极其狡猾机警。他不知道他所保管的是什么，他对于有关神同人的事充满了畏惧，因此一见面就知道这个人不易于捉摸。由现在我所找到的那座密室，狭小之通路已用砖墙砌断看来，要想急于接近那一屋大藏书是不容易的。我的热心的中文秘书所说那位道士的特性，更其使我感到前途的困难。我尽我所有的金钱来引诱他同他的寺院，还不足以胜过他对于宗教的情感，或者激起众怒的畏惧，或者两者俱有所畏亦未可知。他所负责在寺里添的新雕像及其他的东西虽然粗俗，然而我对于那位卑谦的道士一心敬于宗教，从事重兴庙宇的成就，不能不有所感动。就我所见所闻的一切看来，几年以来他到处募化，辛苦得来的钱全用于此事，至于他同他的两位徒弟几乎不枉费一文。

我如何同他那种有意或者无意的阻碍作长时间奋斗的全部经过，毋庸在此处细说。王道士对于中国相传的学问一无所知，我在学术上的兴趣同他说是没有用的。所幸还有中国大巡礼者玄奘的记忆，可以作我的依靠；蒋师爷折冲其间之外，最后之能成功大都得力于此。我之敬奉那位有名的旅行圣僧的事实，已经大有用处；奇怪的是王道士虽然一身俗骨，佛教事物茫无所知，但是对于唐僧之热烈称道，正同我之于其他事物一样。

道士之敬奉玄奘，在石窟寺对面新建凉廊上的绘画有显明的证据。所画的都是一些很荒唐的传说，因此我那位中国护法在中国的民间信仰中竟成为一种拉斯普（R. E. Raspe）所写的英雄门什豪生（Münchhausen）。

这在真的《西域记》同《慈恩法师传》中自然是没有的。但是这一点点分别又算什么呢？我用我那很有限的中国话向道士述说我自己之崇奉玄奘，以及我如何循着他的足迹，从印度横越峻岭荒漠，以至于此的经过，他显然是为我所感动了。

第十三章
密室中的发现

在这种半神性的指示的影响之下,道士勇气为之大增,那天早晨将通至藏有珠宝的石室一扇门打开。从道士所掌微暗的油灯光中,我的眼前忽然为之开朗。卷子紧紧地一层一层地乱堆在地上,高达十英尺左右,据后来的测度,将近有五百平方英尺。

第十三章 密室中的发现

到末了王道士为我的话所动,答应于夜间将密室所藏中文写本卷子悄悄地拿几卷交给我的热心的助手,以供我们的研究。这里又有一个很侥幸的机会来帮助我们。在道士看来,却是我的中国护法圣人在那里显圣了。我们将几卷写本仔细加以研究,证明那是几种中文佛经,原本出自印度,而经玄奘转梵为汉,于是连蒋师爷也为之愕然了。这岂不是那位圣洁的巡礼者在紧要关头自行显灵,把石室秘藏许多写本暴露出来,作为我在考古方面恰当的报酬吗?

在这种半神性的指示的影响之下,道士勇气为之大增,那天早晨将通至藏有珠宝的石室一扇门打开。从道士所掌微暗的油灯光中,我的眼前忽然为之开朗。卷子紧紧地一层一层地乱堆在地上,高达十英尺左右,据后来的测度,将近有五百平方英尺。小室约有九英尺见方,两人站了进去,便无多少余地了。

在这黑洞里任何事情都不能考察。但是等到道士取出几捆,允许我们到新建的佛堂一间房子里,用帘幕遮起来以防外人窥见,把卷子内容急速展观一遍之后,这一座宝藏从各方面看来之重要,便就自行现出了。厚大的卷子用的都是很坚韧的纸,高达一英尺左右,长在二十码以上。第一卷打开就是一部中文佛经,全部保存甚佳,大概同初藏入石室时无甚差异。

仔细考验之后,发现经尾书有年代,为时约在西元后第五世纪的初年,就字体纸张以及形式看来,为时也是很古。在有一卷中文卷子卷背,有一大篇用印度婆罗谜字写成的文字,可见写这卷子时印度字以及梵文知识还流行于中亚佛教之中。像这种古代宗教同学术的遗物,闷闭于荒山石室之中,不受时间的影响,我觉得并不算奇。在这荒谷里,大气中即使含有若干水分,卷子深藏在石室中,也就与之隔断了。

由开始几小时愉快兴奋的研究，已经显出等待我们的开发的那种新奇遗物是如何的繁复。道士自被我们开导以后，于是很热心地将卷子一捆又一捆抱了出来，他的热心之真假姑且不管，不过在卷子里面又发现许多西藏文写本，有长卷也有整包的散页，都是西藏文的佛经。这些藏文经卷明明是西藏人占领中国这一部分边陲时期的东西，时代在西元后第八世纪中叶到第九世纪中叶。石室封闭之时在这一时期之后不久，从西元851年（唐宣宗大中五年）一碑可以明白，此碑道士先移来嵌在壁上，其后又移到外边。

乱七八糟的中文同西藏文的卷子而外，还杂有无数用印度字写的各自不同的长方形纸片，有的是用梵文，有的是西域佛教徒用来翻译佛经的各种方言。就分量以及保存完好而言，我以前所有的发现无一能同此相提并论。

尤其使我高兴的是这种奇怪的存放地方保藏之好，有用无色坚韧的画布作包袱的一个大包裹，打开之后，全是古画，大都画在绢或布上。其中杂有一些纸片，以及画得很美丽的印花绢之类，大约是作为发愿供养之用的。最初所得的画大多为长二三英尺的条幅。从三角形顶部和浮动的旒看来，可以立刻知道这是作为寺庙旗幡之用的。打开之后，绢幡上画的全是美丽的佛像，颜色调和，鲜妍如新。

作幡用的一律是稀薄透光的细绢。后来我开阖很大的绢画的时候，才明明白白看出使用这种东西的危险。原来四边虽别有坚韧的材料以为衬托，然而因为在庙墙上挂得太久的缘故，大绢画也很受损害。加以收检的时候匆匆收起，折得太紧，以致破裂。

经了千百年的积压，当发现的时候，如要全行打开，难免没有损伤。但是随便挑阅一卷，都能看出所画的满是很好的人物。好几百幅画，运到不列颠博物馆之后，打开修理，那些细微困难的工作，费了专家七年左右的工夫，真是不足为奇的。

那时实在没有时间去找寻供养的文辞，仔细研究绘画。我所最注意的

第十三章 密室中的发现

只是从这种惨淡的幽囚以及现在保护人漠视的手中，所能救出的究竟能有多少。我引以为惊异松快的是道士对于这些唐代美术最好的遗物竟看得很不算什么。所以在第一天匆匆寻访之中，我便能够把可以携取的最好的画选出放在一边，"留待细看"。

到了这一步，热烈的心情最好不要表露得太过，这种节制立刻收了效。道士对于这种遗物的漠视，因此似乎更为坚定一点。他显然是想牺牲这些，以转移我对于中国卷子的注意，于是把放在杂物堆底下的东西一捆一捆地很热心地找了出来。结果甚为满意；在那些残篇断简的中文书中，所得显然为世间性的文书愈来愈多，常常附着年代；纸画同雕版印刷品；印度字的小捆书页，残画丝织物等，明明白白都是发愿的供养品。因此蒋师爷同我自己在第一天一直工作到天黑，没有休息过。

当时最重要的工作是把王道士至于流言的畏惧心情除去。我很谨慎地告诉他说将来我要捐一笔功德钱给庙里。但是他一方面惧怕于他的盛名有玷，另一方面又为因此而得的利益所动，于是常似徘徊于二者之间。到末了我们成功了，这要归功于蒋师爷的谆谆劝谕，以及我之再三表露我对于佛教传说以及玄奘之真诚信奉。

到了半夜，忠实的蒋师爷自己抱着一大捆卷子来到我的帐篷之内，那都是第一天所选出来的，我真高兴极了。他已经同道士约定，我未离中国国土以前，这些"发现品"的来历，除我们三人之外，不能让别人知道。于是此后单由蒋师爷一人运送，又搬了七夜，所得的东西愈来愈重，后来不能不用车辆运载了。

经过这几天忙碌的工作，于是堆积在顶上的一切杂卷子全搜尽了，此外还选了一些非中国文的写本、文书、画以及其他有趣味的遗物。然后转向藏有中文写本卷子缚得很坚固的地方进攻。这种工作麻烦多端。仅仅把整个塞满了的屋子清除一番，便足以使结实大胆的人生畏，何况道士。这要好好地对付，给以相当的银钱，才能消灭他因胆小而起的反对。

后来在这些堆积的最底下又发现一些各种各样捆扎的卷子，于是努力得到报酬了。因为上面压得过重，不免有破裂之处，我们在这些珍贵的遗物中又发现一幅很美的绣画和一些古代织物残片。把几百捆写本匆匆检查一过之后，又发现若干用印度字和中亚文字写成的写本，掺杂在中文卷子行列之中。不料道士忽然悔惧交集，于昨夜将石室所余宝物一切锁闭，跑到沙漠田去，于是我们这些搜寻便无法完成。但是那时候我们客客气气约定的那些"选出留待仔细研究"的东西已经大部分安然运到我的临时仓库了。

所幸道士跑到沙漠田去，得到充分的保证，我们友谊的关系并未引起当地施主们的愤怒，他的精神上的声誉也未受损失。他回来的时候，几乎立即承认我所作把这些幽闭在此，因地方上不注意早晚会归散失的佛教文献以及美术遗物救了出来，以供西洋学者研究，是很虔诚的举动。因此我们立约，用施给庙宇作为修缮之需的形式，捐一笔款给道士作为酬劳。

到最后他得到很多的马蹄银，在他忠厚的良心以及所爱的寺院的利益上，都觉得十分满足，这也足以见出我们之公平交易了。他那种和善的心情我后来又得到满意的证明，四个月后我回到敦煌附近，他还慨允蒋师爷代我所请，送给我很多的中文同西藏文写本，以供泰西学术上之需。十六个月以后，所有满装写本的二十四口箱子，另外还有五口内里很仔细地装满了画绣品以及其他同样美术上的遗物，平安地安置于伦敦不列颠博物馆，我到那时才真正地如释重负。

我从那位善良的道士不安全的保管之中得到很多的发现品，不得已而离开以后的经过，在此处应该简单表明一下。大约一年以后，法国有名的学者伯希和教授来访千佛洞。借了他那渊博的汉学知识，他诱导王道士允许他去把剩余的许多中国卷子匆匆考察一番。努力的结果，他从混乱的堆中选出一些不是中文的写本，此外还有一些他认为在语言学上、考古学上以及其他方面特别有趣的中文写本。道士显然是有了以前与我的经验，于是允许伯希和教授携去一千五百多卷他所选出来的书籍写本之类。

1909年，这位学者回到巴黎路过北京的时候，他带去许多重要中文写本的消息，传入当时京城中国学者的耳中，他们因此大为兴奋。后来遂由中央政府下命令，将石室全部藏书运到京城。1914年我率领第三次探险队重到敦煌，据所闻报告得知京城命令实施时可痛可惨的那种特殊情状。

我回到那里，王道士欢迎我有如老施主一般，据他说是我捐给庙中的一大笔钱，因为运送卷子到各衙门，完全在路上就此花完了。整个所藏的写本草草包捆，用大车装运。大车停在敦煌衙门的时候，被人偷去的就有不少；一整捆的唐代佛经卷子，在1914年即曾有人拿来向我兜售过。我到甘州去的途中以及在新疆沿途便收到不少从石室散出的卷子。所以运到北京的究竟有多少，这是不能不令人生疑问的。

1914年我第二次到那里，王道士曾乘便将他的账目给我看，上面载明我所有施给寺院的银钱总数。他很得意地指给我看，石窟寺前面的新寺院同香客住宿的房屋都是用我所捐的钱修建的。说到官府搬运他所宝爱的中文卷子致受损伤，他表示后悔当时没有勇气和见识，听从蒋师爷的话，受了我那一笔大款子，将整个藏书全让给我。

受了这次官府骚扰之后，他怕极了，于是将他所视为特别有价值的中文写本另外藏在一所安全的地方。这一定还有不少，我第二次巡礼此地的结果，许我带去的还足足装满五大箱，有六百多卷佛经——自然，又得布施相当的数目。

这样地终结了我那一部分在千佛洞的道士故事。但是这丰富重要的材料平安运走以后，研究之余所生的结果，似乎也应该叙说一二。自我于1909年年初回到英国以后不久，立即开始研究，得到许多专家热心帮助，其中一大部分的结果已散见于我的《西域考古记》同其他各处，不过仍然还有几种工作等待完成，是可以由这种事实推得它的范围的观念及变化无穷的趣味的。

自然，以前作为石窟装饰之用，或者因为供养而收藏起来的那许多佛教古画，更其足以引起一般公众的兴趣。所有那些美术遗物，数目近五百幅，零篇断简还不在内，已由不列颠博物馆聘专家仔细修理，将来保存可以无忧。所有这些古画细目俱见于我所著的《西域考古图》一书，特别的标本选刊于《千佛洞图录》中，秉雍先生（Mr. Laurence Binyon）同我自己对此有详细的讨论与说明。所有这些绘画的详细情形，并见于不列颠博物馆刊行的魏勒先生（Mr. A. Waley）著书中。绘画大概的情形略见下章。

在石室所得各种装饰用的丝织品，如地毡以外各色的人物画绢、绣品以及印花织物之类，此处因为限于篇幅，不能加以叙述。中国古代值得享盛名的织物美术中这些美丽的出品，说到数量同兴趣方面，真是大极了。但是关于这里所得写本内容的丰富，虽然不能详尽，我也得在此处略为指点指点。这对于解释从汉代以来，敦煌一隅之所以能成为各区域各民族以及各种信仰很重要的交流地方，不无裨补。至于这种扼要的叙述，大部分得力于多年来许多有名的东洋学专家辛勤的研究，那是毋庸赘述的了。

这许多中文写本，足以证明千佛洞以及常为圣地的敦煌沙漠田的宗教生活，大都由中国僧侣主持。1907年我所带走的中国材料，计有完整无缺的卷子三千卷左右，其中有许多都是很长的，此外的文件以及残篇约有六千。伯希和教授起先曾打算编一目录，后来放弃，1914年遂由小翟理斯博士（Dr. L. Giles）从事编目，因为过于繁重，到如今才能竣事付印，那是不足为奇的。卷子的大部分都是中文佛经；据日本学者矢吹庆辉师（Rev. K. Yabuki）研究以后的指示，其中颇有不少为前人载籍所未著录以及佚去的著作。

此外，除未知者外，关于历史地理以及其他方面中国学问的残篇，为以前所不知道的也还不少，有好几百篇文书对于当地的生活状态、寺院组织之类，可以显示若干光明，这一切的记录，自古以来实际上就没有留给我们。就卷尾以及文书中间所记载的正确年代，这些卷子的年代大概自第五世纪的最初以迄于第十世纪的终了。研究所得的这些年代以外，再加以伯希和教授的材料，比观互较，可知这一部大藏书室之封闭，一定在西元后十一世纪初期左右，其时西夏人征服此地，有危及当地宗教寺宇之势，因而如此。

　　这一个中国文献遗存的大宝库，还得费许多年的辛勤钻研。我在此处所能说的只是欧洲同日本的学者已经工作过的一两件有趣味的发现。有一大卷雕版印的卷子，上面的年代是咸通九年（西元868年），这是现在所知雕版书最古的一个标本。就本文同前面扉画所表现的完美的技术看来，可见印书者的手艺以前已是经过很长时期的发展的。

　　从另一个观点看，更重要的是中国式摩尼教经典的发现。这种经典的研究，可以使研究包含许多基督教成分奇怪的混合的摩尼教者，增加其能得到的安全的基础。以前之于摩尼教，差不多只从反对的基督教书中以及吐鲁番发现的典籍得知一二。摩尼教最初在波斯帝国萨珊王朝站稳了脚，于是在几世纪间由此传布以迄于中亚。向西则竟及于地中海诸国家，在东欧的异教教派中，摩尼教的势力到中古末期，尚还存在。

　　西藏文卷子文书，在性质和范围方面同中文材料大致不相上下。大部分也是佛经。但是渊博的牛津大学托玛斯教授研究之后，曾指出从这些藏文遗献中，也可以得到西元后第八世纪中叶到第九世纪中叶，此地以及西面的塔里木盆地统治于西藏人时候，关于当地历史以及其他的有趣味的资料。西藏式佛教之得植基于中亚即起于斯时，后来蒙古人起而信奉，声势因之浩大，至今还能控制亚洲的一大部分地方。

　　用印度婆罗谜字体写成的许多写本，已由中亚语言学大师故霍恩尔教授的努力，完全做成目录，证明写本包有三种不同的文字。写本大部分属于佛经，医药方面也有一些。梵文写本中有一篇大贝叶本，就材料上证明，毫无疑义是来自印度的，应算现存最古的印度写本之一。其中有一种古代中亚语言，以前还不知道，现已定名为和阗语或塞伽语，大约贝叶本同卷子总有好几十种，其中最长的一卷在七十英尺以上。另外一种古代语言的写本是龟兹语，一名吐火罗语（Kuchean or Tokhari），古来塔里木盆地北部以及吐鲁番一带大约都操此种语言。在亚洲所操的各种语言中，要以这一种为最近于印欧语族中的意大利语同斯拉夫语（Italic and

Slavonic），所以特别有趣味。

就地理学上的意义而言，其足以表示古昔敦煌佛教传布交流错综的情形者，或者没有比在千佛洞发现的古代康居，即今撒马尔干同布哈拉地方，通行的伊朗语书籍更好的了。窣利字出于 Aramaic 文，有在一些含有突厥文书籍中并还采用了同样变体的闪族（Semitic）语言。其中有一卷很好的卷子，上面是用突厥字写的摩尼教祈祷圣诗。

摩尼教唐代已入中国，在敦煌显然也有信徒。这里这一派的僧侣，同别处的一样，能同佛教徒住在一处和平无事，并且因为千佛洞为巡礼朝香的圣地，他们一定也有了好处。但是摩尼教会行于此地的最奇特的证据大约要数那一部完全无缺的小书，上面所用的古突厥字体，同北欧通行的卢尼克（Runic）字母相似，称之为卢尼克突厥文。这是一本占卜用的故事书。故汤姆生教授（Professor Thomsen）是有名的通解此种古文字的人，据他说这是流传至今最古的突厥文学遗物中"最了不起，最有涵蓄，而又保存得最好的"一篇。

东南西三方奇异的联系在亚洲的交汇点即是敦煌。而我对于此事的简单叙述，也就以从黄海传布到亚得里亚海的一种民族和语言的奇异遗物作一个结束。

第十四章
千佛洞所得之佛教画

　　我们已经知道除了得到那一大堆汉文经典文书之外，还有一些是用很远的南方、西方同北方各地的古代语言写成的写本。在所存的绘画方面也可以看出同样的情形。

千佛洞石室所藏绘画为数甚多,性质很复杂。此处只能就特别标本所显示的几大类作一匆促的检讨。这许多材料对于中国佛教画美术的研究自然甚为重要,不过在检讨以前,关于这些画的来源同年代,应该略予说明。

第一,据中国经卷文书所记的年代藏书之最后封闭约在西元后十一世纪初年,同绘画上发愿供养人所记的年代完全相合,这是很重要的一个证据。

但是这所小小的密室,在以前有一时期,也许曾作为各寺院不需用的祭祀物品收藏之所,无论如何,石室封闭的时候,有许多东西为时已经很古,那是一定的。所以在带走的几千卷中文写本文书之中,所记年代确有在西元后五世纪初期者。织品遗物也有可以确实断定在此以前好几百年的。

我们已经知道除了得到那一大堆汉文经典文书之外,还有一些是用很远的南方、西方同北方各地的古代语言写成的写本。在所存的绘画方面也可以看出同样的情形。从道士不经心保管的东西,我还能救出一些绘画,大部分是幡同书,毫无疑义是出于西藏或泥婆罗(Nepalese)的印度工匠之手。只是为数过少,不能同成于中国人之手的那些丰富的遗物相提并论,此处可以不谈。

我觉得为考究起见,图解之足以助人明了,比我所能作的解释或者普通叙述还更为需要。不过我对于那些美术遗物的兴趣无论深到怎样,我不能不感谢研究远东宗教美术的专家。此外我若没有专家的朋友如不列颠博物馆的秉雍先生、故裴特鲁齐先生,以及我的助手安德鲁斯先生同罗立美女士(Miss F. Lorimer)许多的帮助同指导,我在《西域考古记》同《千佛洞图录》诸书中所有关于各种绘画材料在佛像学上的分析,也是写不出来的。

千佛洞所得绘画在研究远东美术上之所以有大价值，乃由于这些绘画是西元后第七世纪到第十世纪唐代的遗物，那时正是中国美术最有权威的时期，当时流行的佛教画以前又很少有真正可靠的标本遗留下来。敦煌所有绘画可以说是名家所画的，真的不多。大部分都是成于当地工匠之手，以应地方上善男信女发愿供养之用的。

但是我们所得的绘画正因为是出于中国的西陲，在亚洲的一条大十字路上，所以能够使我们辨别得更为清楚，哪一种是发源于印度西北边省，后来同佛教教义经过"东伊朗"和中亚，影响到远东美术遗传的大乘佛教美术；哪一种是出于古代中国绘画，纯粹是固有的天才和风格。

在一组上绘释迦牟尼成道前故事的很美的绢幡里，我们能够很清楚地辨出这两种主要的成分。这些以及所有的绢幡都是用的一种几乎透明的薄绢，随便挂在穿门或到佛堂去的过道上，力求不使挡住光线。因为画在幡上的两面，所以无论风怎样摇摆，进香的人都可以看见。

很奇怪的是一面幡上所画佛的故事分成几段，年代的次序不十分注意。我们可以看见右边将来的乔达摩菩萨在生前向燃灯古佛（Dipankara Buddha）敬听他将来伟大的预言。佛像的姿势同衣服很像印度式。下面一段是有名的乔达摩太子出游四门故事的缩本，后来他之所以能成佛涅槃即始于此。再下是乔达摩的母亲摩耶夫人梦乔达摩降生之像，佛作一婴儿骑白象在云端状。最底下一段是摩耶夫人同一妃嫔着很显明的中国服装，在迦维罗卫（kapilarostu）宫中闲步之像。

此幡颜色富丽，画的是一些神人，上面一段作的是佛教神话中每一转轮王降世都随以俱来的七宝。这一个故事太长，此处不便解说，今只说下面浴佛的一段。八部天龙在按着印度习惯为佛洗浴。最下一段是宫廷侍女围看菩萨降生后下地行七步，步步生莲花之像。

那一幅幡，底下一段所写的也是太子初生行七步，步步生莲花像。上面诸段写的是佛降生故事，次序井然不乱。最上一段作摩耶夫人熟睡，梦乔达摩菩萨诞生之状。下面一段作夫人乘舆往游蓝毗尼园（Lumbini

Garden）之像；舆夫行动匆遽的姿态，用真正中国式的技术，表现得极为优美。再下一段太子从摩耶夫人右腋诞生，适合印度的传说。不过用宽袖遮蔽这种动作的庄严柔和的方法，以及花园后面表现得很好的小山，却显然是中国风味。

有一幅残幡，上余太子游四门故事画两段，中国风格尤其显著。图绘乔达摩太子骑马出父王之宫，上段作太子遇见老人，伛偻鞠躬之状，下段作遇病夫仆地之状。幡缘有中国字，述两画意义。

此外取材于佛本生故事者，有太子出宫诸项。复制一帧，上段作太子乔达摩夜遁，妃嫔婇女以及卫士酣睡门外之状。上端绘卷云。所以表示彼等梦中见此，未来的佛乘快马犍陟（犍德 Kanthaka）匆匆出宫，脱离世纲。下段作使者追乔达摩不得，反报白净王（Suddhodana），觳觫俯伏候责之状。二紫衣人立后，即刑吏也。

又有一幅画幡，人物风景等，全是中国风格。不过太子的忠实的快马犍陟当太子决心避世求道，他不得不离去的时候，那种感动的姿态，却是丝毫不易地采取了希腊式佛教美术中这一种作品的风俗。下面是太子隐居林中以前预备剃发之像。再下面是乔达摩找到了成正觉的道路以前，学印度苦行僧人实行禁食，以致瘦骨嶙峋之状。

在另一幅画幡的上部，我们又找到两段，上面画的是太子同爱马犍陟和忠实的御者车匿（Chandaka）告别之图。最下部分所画为使者乘马寻找太子像，构图甚美。

本生故事中相传的人物是用中国画法，但是佛菩萨像则同由中亚传来的希腊式佛教美术雕刻的形式多少有点相类，显然不同。因此引起了很有趣的问题。无论正确的解释是怎样，基督教传说经过意大利同佛勒铭（Flemish）画家之手致有变更的事，在这里算是得到了一件奇怪的类型了。

单独的佛像画中，乔达摩佛以及以前成正觉得大涅槃的诸佛像虽然十分重要，却是很少很少。中国之于佛教诸神，也同别处一样，常好注意较小而较近人的神祇。不过画那些最高的神像，却用一种特别保守的态度。所以衣褶方面常常模仿希腊式佛教美术雕刻雕佛像时的希腊标本，有一定的样式。

反之画在绢、麻布以及纸上的单尊佛像画，为数甚多。风格同画法有很大的差别，但受希腊式佛教美术传统的影响，在衣褶和装饰方面却很显然。最重要的是许多画像中特别富于美术意味的菩萨像以观自在菩萨（Avolokitesvara）为最多；其在敦煌佛像中的地位，正同今日中国、日本佛教信徒之崇拜观音菩萨一样。

画作印度式的观自在菩萨立像，手执卷须式花，褪去了颜色还可以看出构图之优美、姿势以及面容之柔和。还有两种观自在菩萨像，大小同人生一样，构图甚为庄严华丽，似从一名手所绘原本脱出。

有一幅很好的纸，上绘观自在菩萨坐于水滨柳荫之下，右手执杨枝像。这幅画之所以重要，是因为据日本传说，在西元后十二、十三世纪时，宋朝某帝始于梦中见观自在菩萨，像貌正如此图。由此画可见中国之画观自在菩萨，作此形状，为时已久。下面施者所戴纱帽，乃西元后十世纪时之男服。

此外还有一些很好的绢幡，上绘菩萨像，以无题记之属。不知作者为谁，其中两幅线条柔和色调富丽，尤为选作。左方一幅菩萨立于青莲花上，双手做合掌致敬状。姿势服饰装束都同中国式的菩萨相合。但是衣褶则常取法于犍陀罗式，流转自如，色调也很和谐。

尤其有趣味的是右边一幅的菩萨像。合庄严力量以及动作急速为一的奇怪姿态，菩萨面容也显然不是中国式，这是敦煌全部佛像中最动人的一幅。身体的挺直，头部的昂起，以及全部重量之向前安在右足上，将动作的力量表现得异常之好。加以衣带的飘扬自如，华盖上的铃铛，更将其衬托得格外有力。面部那种昂头天外鄙视一切的表情，超脱于流行的中国式佛像以及传布各处的印度所采犍陀罗美术的希腊式佛像以外。头部的外国风同身体以及衣服线条所表现出来彻底的中国画匠风格呈极强烈的对比。

全部令人发生迷离惝恍之感。

在这许多的绘画中，观自在菩萨而外，还有两位菩萨也特别引起信者的注意。其一为文殊菩萨（Manjusri）。那一幅保存甚佳的绢幡，文殊菩萨的体格姿势，以及衣服都显然是印度式，他的莲花宝座安在狮背上，这照例是他的有纹章的坐骑，有一黑小厮，大约画的是印度人，作为引导。这像身体姿势的曲线比较近于女性，短的腰衣和透明的裳，都表示出印度的特色。和谐的构图和色调使全部有了生命。这一种形式，显然指出虽是原来取法于印度式，然不是来自印度的犍陀罗同西北边省，而是从南方的泥婆罗和西藏来中国的。

远东佛教诸神中在普遍方面唯一可与观自在菩萨分庭抗礼的菩萨是乞叉底蘖婆（Kshitigarbha），中国称此为地藏王菩萨，日本称此为 Jiso。在画幡中，披剃了的和尚头，表示化缘装束的补丁直裰，一望而知。经过无数的化身，他所努力的只是救度生灵。表明他是行人最可靠的保护者。结跏趺坐于一盛开的莲花宝座上，右手持化缘时用的手杖；行人所用简单的披风从头上披到肩上，左手持一发光的水晶球，烛照幽冥。就构图的单纯和色调的和谐宁静而言，整幅显出一种单纯的柔和，同静美的表情。

下面左方画一青年供养人像，惜底部损去，右方牌子及中间涡形装饰亦全为空白；此种地位本用以填注供养文字，但是常有如此不幸的事。购者购买此画大约是在路上或寺院里，因为没有时间或者余钱去找长于书法的人作一段文字写在画上，所以留下空白。

世间之所以热烈崇拜地藏王菩萨，尤其因为他是六大天下之主，连地狱众生也一并在内。既为幽冥之主，他可以用他的权力赦免地狱中受罪的鬼魂。所以他能穿着直裰，戴了披风，坐在石上，临于十殿阎王之上。而阎王则各着中国法官衣服，据案而坐。地藏王菩萨前面有一受罪幽灵，项戴枷锁，由一鬼卒引带。向着业镜自看被判各罪。备填写文字的一方空白同写供养者姓名的牌子都空在那里。

在作详细的论述以前，关于大画上常见的一些小神像也趁便在此一说。

各画幡中作此种小神像者为数甚多，可见其对于敦煌一地佛教信徒印象之深。这就是四天王像。四天王一律作战士，顶盔贯甲，足蹈魔鬼之状。这种观念是出自印度的佛教神话，而又可看出这种佛像实是导源于希腊式的从中亚的壁画以至于远东佛教美术。

一部纸册页上画的这四个天王：管领北方的是多闻天（Vaisravana or Kuvera），手持表记戟同小塔诸物；南方为广目天（毗楼博叉 Virupaksha），手中持剑；东方为持国天（提头赖吒 Dhritarashtra），手持弓箭；西方为增长天（毗楼勒叉 Virudhaka），手持槌矛。

从所画四大天王的姿态以及服饰的一些变更方面，我们可以辨出哪一种是准中亚式，哪一种是中国式。画南方广目天的许多幡画中有一幅面部表情甚为凶恶，平直的双目，瘦长的腰身，这大约是出于中亚较古的作风。至于华丽的甲胄，又是一种中国式，中国式像貌比较柔和，双目特点为斜上形。

这种作风有一幅很好的例，姿势方面庄严的曲线，画流动的衣褶时所渗入的潇洒，一手上举，五指伸开，这些性质都是中国美术情感特有的表现。至于由这许多绘画可以为古代甲胄研究供给丰富的材料一点，我只能在此点明一下，不能更作详细的讨论了。

北方多闻天在四天王画像中占最重要的地位。其之所以如此，完全是古代印度以此为印度财神（Kubera）之故。画中只他有魔鬼侍从随护。有一幅名手所作的画，上画多闻天乘云腾空前进之状，人鬼侍从随护甚众。

这一幅精美的小画，在美术上同佛像学上都很有趣味，我不能不在此处指点出来。画工的精致，颜色的和谐，以及人物构图各部分之比例匀称，实在令人心神开朗。看了那天王的冕，不禁令人想起波斯萨珊朝万王之王庄严的头饰，这当然是从伊朗来的。庄严壮丽滚滚不绝的波涛和在地平线上的山岭将距离的观念表现得很好，中国绘画美术上的特别禀赋在此有惊人的表现。

在这一些描绘某种职责或神圣的集会的佛教高等神祇画中，我要提出一幅，以作现在判定这一类中国古佛教画标本时代困难的一个说明。这是画得很美的一幅引着一个灵魂的引路菩萨像（Avolokitesvara，见卷首）。这幅画的构图很华贵，画笔也优美庄严。图中的妇人头部微俯，紧随着前面引导的菩萨，活画出一位虔诚的灵魂；而就头髻和衣服的形式看来，起初以为这幅画也许是唐以后的作品。后来我在吐鲁番从一中国古墓里发现一幅很好的残画卷，年代可以很确实地归到西元后第八世纪的初叶，才把我的疑惑消去了。在吐鲁番得到的这幅绢画，虽不幸只残余一部分，然而上面却画有各种的世间景物，所画妇女头髻和衣饰，同引路菩萨这一幅中的妇女极其相似。这一种装饰，不能放到后来，这乃是唐初流行的一种样式。

在诸尊侍环绕着观自在菩萨的那些大画中，所指示的一幅颜色极其富丽的绢画，特别值得注意。从这幅中可以看出中国画匠采取了印度的原始形式、伊朗和中亚的影响，以及西藏的趣味所混合而成的一种格调。画作千手观音趺坐于大圆盘中，诸神在外相称地环绕之像；即借那无数的手作成身光。每一只手的掌心都有一只眼睛，象征观音慧眼慧手无处不在，可以在同时救度所有的善男信女。

画幅背景方面的上半部在圆盘之内，并涵有日光菩萨和月光菩萨的身光，此下有从蔚蓝色的天宇中耸出的比较生硬的花，背景的下方有画得很美的人物，姑名为"善财"同"龙女"，两个都坐在莲花上，做成奉献之状。再下去左右力士各一，躯干雄伟，头发倒竖，动作姿态甚为猛烈。这一定是仿的西藏佛教中的魔王像。左右力士之间，有一水池，池中左右各有一顶盔贯甲的龙王，用手举着观音的圆盘。

另外还有一幅幸而保存得很好的大画，所画的也是千手观音及其曼陀罗（Mandala）中的各种神像，而画得更为精工，颜色更为富丽。画幅足高七英尺，宽五英尺半。关于这一幅富丽的构图，我不能详说，只可聊叙大略。在这幅画中，除去前面所说的神像而外，还另添许多菩萨，相对地分列左右，其中有印度神话里的帝释天（Indra）和梵天（Brahman）像，其余许多奇形怪状的神像，显然带有湿婆教（Sivaitic）的意味。底部的角上是许多群的神像，每一群中都有一尊女神。再下去又是一对一对的天王像。画幅的下方也有一些力士，在火焰的背景中跳荡。全部技术甚为伟大，色调的富丽，工力也正可敌对。

可以同这些富丽的观音画相比较的还有一幅大画，画中作骑白象的普贤和骑狮的文殊菩萨像，上面便是一排形式不同的四尊菩萨；看起来是比较生硬而且简单。但是画的本身却有一有趣味之点，那便是有年代的画中要以此为最古，供养的字句中明明白白写的是咸通五年（西元864年）。底部那一方的画中还有一点考古的资料，下方那些供养者同妇女中有两位却是女尼。其余的两位妇人，宽博的袖子，头髻也无装饰，显然和第十世纪画上的式样不同；和我们相信年代较古的画中所画供养者像形式也不一样。

这种画像的第一幅并不完全是画的，美丽的挂幅是用丝线彩绣的。此像高足八英尺，横宽约五英尺半，出自画家之手，只由手艺人或者宁是女手艺人复制而成。但是因为它显出图样的高贵、技巧及设色的纯熟与细心，已成为我们所有唐画中最动人的作品之一。图作佛教传说中最著名的灵鹫峰（Vulture Peak）上的释迦牟尼菩萨。此峰位于现在的拉杰吉罗（Rajgiro）。这幅图像在衣服与姿态的每一部分上，都再现出由印度雕像中表现的神圣传说的样式。在整个画像的调和上露出画家的手法。

菩萨的两边站着一对菩萨一对弟子。因为这幅图像受了损伤，后者只残存着精细的头部。最优美的是华盖两旁向下飞着乘着云涡穿着波状长袍的两个秀丽的Apsaras或天女的画法。

供养者同他们的女人所给的特别兴趣是绘画如生，尤其是他们的服装。男人的高而带尾的帽子，是唐以前不久时期雕刻上的样式。同样的特色是女人穿长裙，着长紧袖的衣服，留着平式的头发。我们显然看见绣出这幅佛像的时候的时尚。这时候一定比我们注有年月的最早的咸通五年（西元864年）的画更在以前。

有很多上画佛教变相的伟大重要的画中，并找不出正确可靠的年代，而由这些妇女服装变迁所表现的年代上的标识，可以帮助我们来满足这种要求。但是在讨论这些之前，让我将能直接引起信士注意和兴趣冀图往生天堂的轮回观念，稍为解释。从古至今，印度人都相信不断的轮回。这也是所有佛教教义的基础。这种教义的主要目的便是教人以逃避再生和来世苦难的无穷尽的锁链，于涅槃（nirvana）中得救，涅槃即是最后的止息。

然而这种目的在把个己存在消灭的特殊的印度式悲观论的人生观，中国一般人的心里似乎有点不大高兴接受。中国的佛教徒没有印度佛教徒那样偏于玄想，他们却相信深信三宝的人，因为他们合乎德行的生活同精神上的修养，可以以往生净土为其报酬，在那里得到有福的休息，虽不是永久的，时期之长却也不可计量。这种的往生净土，往往画成善人的灵魂从莲花瓣中转身为一婴儿，以为表示，于是这种虔诚的想象显得更有诗意了。在敦煌所得的古画中这一种有福气的少年灵魂往生像，真的可以找出若干来。

大乘佛教把菩萨的崇拜发展成为诸佛精神上的继承者，到了相当的时候，每一个菩萨各有他自己的净土。于是观自在成为号称无量光的阿弥陀佛的继承者，弥陀佛在西方自有他的净土，往生弥陀净土乃为信士所特别希冀。所以在我们的大幅绢画里，弥陀净土遂成为常见的一种。

我所选出的第一个标本，这一部分是由于构图简单，可以容我们将这种净土画中所有重要的人物明白地分别出来，还有就是有很好的理由可以将此画的年代定得早一点。这一幅画的特点是色触强烈而又和谐，从坐在观自在同势至菩萨中间的弥陀佛便可以看出来，下面是两尊较小的菩萨。主要的三尊佛之后列有佛原来的六个弟子；头发披剃，成为和尚。上面两边各有一天女，飘浮空际，作散花的姿势。技术方面最可贵之点是用浓光法（high lights）以显出肌肉的立体感觉。这当然是从希腊美术中得来的方法，另外只有一幅画也是如此。

此画年代较古的确实证据从画幅下端左方供养信女的像可以看出来，那里本有一块牌子预备供养人题词,可惜并没有填上。信女的像作跪坐一方席上的姿势,有一种单纯的美,这显然是一位高手从真人写生下来的。面部及姿态都庄严地表示虔诚。折叠的裳,高而宽的背子,简单的头饰和悬在颈部的小髻,都是一种很早的样式,和在绣画中所见到的很相近。实际上这种形式,在第七世纪的中国雕刻中是常常可以看到的。

另外一大幅弥陀变相绢画,也很可以指出这一幅画的好多特点来。中央佛坐在莲花座上,旁边观自在、势至菩萨和其他侍从诸神环绕左右。莲座浮在一座湖水里,水上另有一些含苞未放的莲花,内中含有将要往生的灵魂。下端有一块牌子,并未写字,牌子旁边画有跪着的供养人小像,右边二男左边一女。女人的衣服头饰和我们在前面所看见的供养女人像异常相似。

从上面所说结构比较简单的两幅画里,我们可以容易地看出较为精细的净土变相画的详细情形,欣赏美术方面的造诣。

佛坐在中间的莲花座上,做入定状,旁边环绕的是普贤、文殊以及其他较小的菩萨,衣饰都很富丽,并有身光。紧靠着佛的后面就是四位已经披剃了的弟子。上端背景方面有按着中国透视法所画的天上楼阁;湖上亭榭之中别有一些神祇。

正在佛的前面为一供养陈设甚为富丽的香案,两边各有一位姿态优美的天女做供养状。从台座耸出的平台上一位舞女正在乐人之间跳舞。这几乎是一切大变相画中景象最特别的一帧。在相信真正托根于印度思想的佛教教理者看来,要得到善行有福的报答,还是向少有世间意味的方面去求,对于这种音乐舞蹈的享乐自不免有奇异之感。画幅右边的景物作世俗的中国式,画的都是一些信士借着佛力可以超脱的各种世间烦恼。

药师佛这一幅可算是最大而又最富丽的画了。此画的左半幅虽有破损,然就结构之雍容华贵、用笔之精细而言,仍可以引起特别的兴味。诸天神人的大集会很巧妙地对列在秩序井然的台座和殿庭之间,都点缀得甚为华丽,浮在一座莲花池上。在两旁没有身光的人物之中,还杂有一些穿着盔甲的王者和力士。

从台座伸出的大平台上又有一位舞人按着天乐急促的节奏作胡旋舞。在这幅天乐队画中还穿插一点游戏的成分，有两个奇异的胖小儿也在那里按着音乐的节奏跳舞。这显然是写的两个新近往生净土的灵魂，因为得生天上，欢喜鼓舞之状。还有两个往生的灵魂端坐在前面池中的莲花上。此外如两边两层的楼台建筑，以及坐在地板上悠闲自适的一些小菩萨，此处不能一一详说。至于边线上所绘药师佛真身的景物纯然是中国式。

佛教净土画中以弥陀变相为最普遍。左右的观自在同势至连同坐着的佛像是为三尊佛。坐在三尊佛之间和下面的是其他的一些小菩萨。在台座伸出的一部分可以看见一个舞女正在六个乐师之间跳舞。手中舞动的长带和颤巍巍的头饰更足以加强她的韵律的动作。有一位新近往生的灵魂坐在莲花上正预备同飘浮在两边的天人联合向台座进行。

此外还有两大幅绢画的残片一定得略为叙说一下。这两幅画如果完全无缺，大约是用来遮蔽整部的穹殿或穿堂的过道的。两幅之中以右边一幅保存得较为完好，虽已破损，还有六英尺半高，宽达三英尺半左右。原来大概有一幅极大的画三尊佛身的穹形大画，而这两幅残画配起来正是三幅连续画的左右两翼。

右面的菩萨是骑白狮的文殊，随侍的有一黑皮肤的小厮，原意画的是印度人，画来却同黑人一般。围绕菩萨的那些富丽的侍从，其中有四天王同一般力士。

这一幅大画中庄严进行的情状，在左边还保存有相当的一部分。其中有两个华贵的乐师昂首前进，一个吹笛，一个吹笙。身体的曲线和飘荡的衣服，显出一种韵律动作的感觉，同全篇异常和谐。沉醉于音乐的神情在吹笛者的面部表示得很好，而右边那位乐师凝神专一的姿态，也甚为佳妙。

像这一类描写佛教净土同人天进行的画，内容是那样无微不至，画笔是那样精致，色触又是那样的强烈生动，展阅之余，肃穆和平之气扑人眉宇，同时音乐上轻快流动的情绪似乎也传入画中，我们还可以欣赏得到。

我们怀着这样的感触同在僻居边陲为亚洲腹地的十字路上得到的那些佛教绘画美术标本作别，我们觉得千佛洞石室闷藏的那些残画，居然保留了一个最好的机会给我们，这实在是一桩可以庆贺的事。

第十五章
南山山脉中的探险

但是追寻古长城南部残迹那些荒地,我终于成功了。唐朝玄奘法师逃避关吏的禁阻,冒险以至西域的时候,一定经过此地的。这位求法的大师抵哈密水草田以前,在沙漠中北行迷路几乎渴死,幸而获生的勇敢的故事,我是到处都要述说一遍的。

第十五章　南山山脉中的探险

我在敦煌沙漠田的工作完毕的时候，已经到了1907年的夏季了。因此我急于想把在燥热的沙漠中所做的考古学工作掉换一下，另外到南山山脉的西部和中部去作一点地理学上的探险。安西在敦煌的东边有三站远，是从甘肃以及中国内地到新疆去的大道，因此我到南山去过冬之前，先到那里去。从后汉以来，这条路就横越北山的沙丘和高原，是中亚交通的一条要道。在这条路上安西常常占有重要的位置，但是在这所只有一条零落的大街的荒城，或者城外只余一些颓垣断壁的废镇里边，找不出可以反映这种重要的东西来。

但是追寻古长城南部残迹那些荒地，我终于成功了。唐朝玄奘法师逃避关吏的禁阻，冒险以至西域的时候，一定经过此地的。这位求法的大师抵哈密水草田以前，在沙漠中北行迷路几乎渴死，幸而获生的勇敢的故事，我是到处都要述说一遍的。

我把得到的古物安安全全地寄存在安西县衙门之后，便向南面的大雪山开动。路上于小小的乔梓村（N. Chiac-Tzǔ）附近两座荒凉的支脉之间，发现一座大废城。或者因为当地气候的变迁，或者因为西藏高原极北部在后冰河时期所留下的冰河逐渐缩小，这一处低丘陵区域受了干涸，于是地形大起变化。以前曾有一道沟渠从河中输水以供废城和附近的垦地之用，现在沟渠还剩有遗迹，而河流已完全消灭无余，从这一点事实便可以证明此地地形之变化了。

考古学上的证据可以证明这座古城的荒废乃是西元后十二或十三世纪以后的事。较为显著的是在此时期以后，城垣受风蚀影响的一个证明。城垣的建筑虽然坚固，但是所有向东的一面完全剥蚀，有许多地方实际上全为流沙所盖，而南北两面的城垣因为和东风成平行的方向，实际上未受到损害。

我后来爬过大西河流过第二重支脉所成的峡谷形山谷之后，来到一处风景如画的石窟寺，平常称此为万佛峡（Wan-fu-hsia），至今还是香火很盛。万佛峡的性质和年代同千佛洞很相近，只没有那么多。这里也有很好的壁画，可见在中国本部边境上唐代佛教绘画美术流行的一斑。

测量了疏勒河西边俯视着极度荒凉的南山高原，上有冰河遗迹的群峰以后，我们的行程蹈入一段从来未经探险的山地，虽在那样一个适宜的时节，水还是异常困难，然后到达长城至今犹存的嘉峪关。嘉峪关为一城堡形，千百年来，中亚来的旅客沿着长城行走，到了此关，便算是蹈上了真正的契丹的门阈了。无论欧洲或是中国的书籍和地图都把长城画作环绕着肃州大腴壤的西端，止于南山的脚下，以为古代保护甘肃北边的长城即止于是。但是这一段长城古到什么程度，很难令人相信，据我在敦煌沙漠所发现的古代边墙遗迹看来，我以为长城还应该延展到安西或安西以外的地方。

到了我第三次的探险，横过沙漠到肃州以北五十英里左右的额济纳河，也探查到古代中国长城延续的残迹，这一个问题算是解决了。当前汉时代中国向西开始发展，于是展筑长城，以保护沿着南山北麓整个的腴壤地带，这是到塔里木盆地去一条必不可少的通道。现在旅客所经过的破碎残败的嘉峪关砖城，已经证明是中古以后所造。这一座城垣乃是中国恢复传统的闭关态度以后，建来封闭通中亚的大道，用意正与以前相反。

肃州是入关以后的第一座大城，我在那里战胜了很大的困难，探险队才能于7月末向南山中部出发。地方当局对于西夏人等的劫掠攻击，十分了解，所以在那里雇集必要的交通运输器具，颇为不易。概而言之，在甘肃居住的中国人对于山畏惧到万分，最近的一座山岭以外他们便视为禁地，裹足不前。我们的向导只肯到利希霍芬（Richthofen）和托赖山（Tolai-shan）之间高原式的山谷为止。在一万三千英尺左右的高处，我们找到一些从西藏东北边界上西宁来的冒险的人在那里采金矿。

第十五章 南山山脉中的探险

离开这些采金矿人住的帐篷以后，均荒寂无人，一直到 8 月末，才在甘州南边的山谷里遇到一座小小帐篷，里面住的是有趣的突厥人后裔，在那里放牧。好在向着喀喇淖尔和青海四周高地逐渐隆起的南山山脉所有四大高峰，位置都很清楚，虽然没有向导，也不甚困难。在那一万一千英尺到一万三千英尺的高地，几乎到处都可以遇到牧群，这对于我们所有受尽艰苦的牲口，甚为有益。这里的牧群如此之多，这些宽阔的山谷，大约就在古代，也很足以引起那些游牧部落如月氏人和匈奴人的垂涎的。

但是在那些大山谷口上的苔原地带，甚至于在太平洋水系那方面的宽分水岭高原上，几乎每日都遇到冰雹，所以我们一群人很吃了一点亏。而我们的中国驴夫，我只好客气一点说他们天生的体格就怕冒险，对于我们不能有所帮助，于是天然的困难以外，又增加了很大的困难。他们几次三番有组织地打算要求退回，使我们没有运输的东西，侥幸还能镇压下来，不至于阻碍我们的计划。

我们计划在 8 月内，踏遍肃州和甘州之间，南山中部高达一万八千英尺到一万九千英尺积雪皑皑的极北三座高峰，仔细地测量一过，所行的路总在四百英里以上。在测量的时候所有流向沙漠去的河流如疏勒河之类的水源都予以探险，直到冰河源为止。从喀喇淖尔到青海水系，中分疏勒河诸源的积雪的大山峰，是沿着北面测量的，证明各个山峰（高二万英尺以上）以及山系高度都远比北边的山峰为高。

我们从疏勒河源所在群山环绕高达一万三千英尺左右的盆地里行过苔原地带，向大通河发源处前进，到了这里，我们是同太平洋水系接触了。在那里我们又达到甘州河河谷的上游，最后行经一连串横断的高岭，过利希霍芬峰，遂到甘州城。在安西和甘州之间经我们用平三角表测量过的山地，在二万四千平方英里左右。

七年以后，到了 1914 年的夏天，因为第三次探险，我又到了那座甘州大城，这是南山北麓大沙漠田的中心，情形同马可·波罗停寓的时候一样。我的计划是在南山中部作一新的测量，而以此城为我们的根据地。目的是在测量更东包括甘州河源在内的高峰，扩展我们在疏勒河和肃州河河源附近高峰所做的绘图工作。

为着和下章所说我们在额济纳河的工作联络起见，这些测量的用意是在完成甘肃西北部指定的一部分的地图测绘。因为这一部分地方所有的水都流向一个没有出口的盆地，所以就一般的地形而言，很可以说是应该隶属于中亚，而不应该隶属于中国。我有了以前的经验，因此预备不让当地的中国人冒险深入山中，以致运输发生困难。但是不料那时甘州的镇将正换了蔡将军，他是我的老朋友，因有他的好意，使我至今还记得1907年到甘州的那一次访问。得了他的帮助，我于7月开始的第一个星期便向山中出发了。

在最初前进的那几站路上，我于马蹄寺看到了一些古代佛教的石窟寺以及其他的佛教遗迹。山麓小南古城镇的寺院里有一些很好很大的铜造像，没有受到以前回民造反的浩劫。现在是走近一所很富于地理学意味的分水岭了。西边的地方，无论是平地或者山麓，种植只有靠着人力灌溉，而现在却是一些台地和冲积扇形地，只要有雨水便可使土壤肥沃。而气候状况之显著的变化，也可以指明已经靠近太平洋和真正中国大河河谷的分水岭地方。大道上因为回乱，残破不堪，这里却不然，草色青青的山麓还有真正可以代表中国的建筑物存在。

循着向西宁去的大路，爬过如画图一般的峡谷，抵鄂博关（O-po），到了广阔的山谷，甘州河东源即来自此处一万一千英尺以上的高地。我们从这里折向西去，经过高原牧场，每逢夏季青海牧牛牧马的人常常来到此处，我遇到他们的时候，正是万骑奔突，声势汹汹，这次几乎结束了我一切的旅行生活。我骑的那匹拔达克山种小马（Badakhshi stallion）忽然骇得直立起来，失去了平衡，向后翻倒压住了我，结果我的左肋下的筋肉受了重伤。在行军床上很痛苦地躺了两个星期，才能支着拐杖勉强起来。幸而工作已经预先安排妥帖，所以我的测量助手印度拉尔星能够照常进行我所计划的地形学的测量工作。费了好多的力，这位孜孜不倦的老旅伴把测量南山的工作竟告完成，所包括的地面同 1907 年所测绘的一般大小。那时候我的跛脚情形仍是很坏，最后不得已我只好要人把我用轿子抬回甘州。

到了 1914 年 8 月的第三个星期，我开始出发作计划已久的经过北山戈壁的旅行的时候，足部还是不良于行。这次是回到"中国突厥斯坦"北部从事秋冬工作。所选的路是任何欧洲旅行家以前都没有走过的。我借此得以熟悉了一处一部分还未经人探险过的沙漠。进入这一段沙漠，须经过毛目小沙漠田，甘州河和肃州河在此汇合，成为蒙古人所称的额济纳河。额济纳河广阔的河床一年中有一大部分是干涸的，然而实际上南山中部向北流下来的水都注入此河，最后由此消灭于一个没有灌域的盆地之中，这同塔里木河之于罗布泊的情形正是一样。

第十六章
从额济纳河到天山

  中国人最初占据了到南山北部的交通地带以后,用古长城截断蒙古草原入寇的路径,即在此处。我们在河两岸所找到的那些年代很古的大堡垒残迹,当然是用来防御从此处入寇的门户的。

我在上面曾大略说到考察肃州北边的古代长城以后，于1914年春间到过额济纳河流域一次。蒙古极南端这处地方的地理情形，很引起我的注意，那里同罗布盆地的性质相似，历史方面也不相上下。此地在以前曾先后归属于甘肃游牧民族大月氏人以及匈奴人所管辖；大月氏即是后来的印度斯克泰种人（Indo-Scythians），匈奴人则屡次西徙，严重地影响到中亚、欧洲以及印度的历史，这都是后话。额济纳河谷地方因为大自然所给予水草的方便，自古以来要从蒙古草原向沿着南山北麓而为联络中国与塔里木盆地以及中亚腹地大官道的沙漠田入寇侵略，就以此处为最容易。

1914年5月，我从肃州动身，沿着肃州的北大河而下，以达金塔沙漠田，从此再追寻沿着北山东南端荒凉莘确的冰川地以至毛目的古代中国长城遗址。这道长城并且从甘州河和肃州河合流以后蒙古人称为额济纳河的地方再延长若干距离。古代长城的城垣和碉堡从这一窄条的熟地北端以外一直伸到那条宽河床的左岸尽头处。长城线显然曾伸入额济纳河东边的沙漠以内，但是我们于6月间从额济纳河三角洲回来的时候，因为夏季天气太热，不容许我们更向那滴水俱无的地方去寻觅。于是只好作罢。

中国人最初占据了到南山北部的交通地带以后，用古长城截断蒙古草原入寇的路径，即在此处。我们在河两岸所找到的那些年代很古的大堡垒残迹，当然是用来防御从此处入寇的门户的。其中一座用特别坚固的土砖所建的堡垒，正同我七年前在敦煌西边沙漠中长城遗址所勘定的玉门关残址一样。

我们从毛目沿额济纳河而下。沙质的河床宽度往往到一英里左右，而在那时滴水俱无。只有很少的地方于河岸下掘很深的井才得到一点点水。离毛目九十英里左右的地方，额济纳河流过从北山伸出来的一段低低的石梁，然后散成一个三角洲地带，向北约一百一十英里，始入于一些带碱性的沼泽之中。

此处因为连续不断的低水季（Low-water seasons）所造成的情形，正可以为库鲁克河最后干涸以前楼兰三角洲的遭遇作一最好的说明。在那里河床两岸已经枯死了很久的窄条丛林里面，我们找到了很多已死或将死的野生的红柳树。各道河床之间的一些大片荒地，只有很稀疏的灌木，甚至于绝对不毛。因为如此，额济纳河三角洲上四散寄居的两百多户蒙古土尔扈特游牧部落，为着牧地一天一天地感觉困难而抱怨叫屈，实是难怪。然而这一片广漠的河水地带，水源虽然有限，而在那些从北方蒙古腹部向甘肃腴壤作长途旅行的武装或非武装商队看来，仍然常常是很重要的地方。从偶然遇到的那些后来所建的碉堡，可以证明这条通蒙古的路，即使后来到了中古时期，依然还是好好地保护着的。

当我前进考察黑城子（Khara-khoto）之后，更使我感到同古楼兰三角洲的类似。说到黑城子，是1908年至1909年，有名的俄国探险家科斯洛夫大佐（Colonel Kozloff）首先到此。在当时我就相信这同马可·波罗所提到的亦集乃城（City of Etzina）即是一地。据马可·波罗说，此地从甘州骑行十二日可达，"位于北边沙漠的边沿，属唐古忒省（Province of Tangut）管辖"。所有往蒙古的旧都和林（Kara-Koram）去的人，都得在此停留，准备粮食，以便渡越那"向北行四十日既无人烟又无歇处的大沙漠"。

马可·波罗书中所指的地方正相当于黑城子，而从一废址所得到的古物更可以为此作一完全充分的证明。由此我明白，此地蒙古人虽然传说在西元1226年成吉思汗曾从此地第一次侵入甘肃，于是城垣受到很大的损害，但是一直到马可·波罗的时候，还有人住，并且后来到西元后十五世纪，至少一部分还是不断人烟。这当然是由于农业的原因，以前有一时期此地曾为当地的中心地方；沙漠中从东方至东北方，我们曾经找到了不少的遗迹。至于此城的黄金时代，应在西元后十一世纪初叶以至元朝的西夏或唐古忒统治的时期。

从这一个时期以后，自南方来的西藏人势力似乎逐渐地强起来了，充满了废城内外的佛寺和窣堵波，大都是这一时期所建。科斯洛夫大佐就在城外的一所寺院里发现了很重要的佛经和古画。而把这一座寺院和其他遗址再作一次有系统的发掘，立刻又发现此地考古学上的宝藏并没有尽。

我们把窣堵波底部同寺院里面地室所堆积的沙土仔细清除之后，发现很多用西藏文和至今尚未能通的西夏文的佛教写本和刊本典籍，此外还有很多有趣味的塑像和壁画。城里那些很大的垃圾堆中又找出好些用汉文、西夏、回鹘以及突厥字体写的各种记载的残纸。其中特别可以称述的是西元 1260 年马可·波罗的恩人元世祖忽必烈时代的一张宝钞。在风蚀的地方，如精致的带釉陶器、金属和石质的装饰品以及其他古物，亦复不少。

黑城子之放弃由于灌溉困难的说头，有许多证据可以相信。紧靠废城流过的干河床，离东边最近的支流只有七英里，那里一到夏季，还有水流。我们所考察过的直到东边荒废了的农庄的古渠，现在已经移开很远了。至于灌溉之所以失败，是由于额济纳河水量减少，还是由于河流在渠头处改道，而垦地因为某种原因以至不能得到充足的水量？固然没法下肯定的断语。但是无论如何似乎有很好的理由可以相信在现在仅仅夏季短短的几个月之间可以达到三角洲上的水源，对于以前的垦地实在不足以供给适当的灌溉。即使溯河上去一百五十英里到毛目地方，那里的情形远为适宜于维持沟渠，但是过去为着要在春初得到适当的水量，也曾感到重大的困难。因此，有许多以前的垦地，就此荒废了。

当我正忙于黑城子遗址发掘时，拉尔星则从事于额济纳河终点盆地的测量。三角洲的尽头是相距不远的两座大湖，两湖之间隔以沙滩高地。这种隔离的形势，甚为有趣，正同我在敦煌西边所见疏勒河流入沙漠中间的情形一样。两湖的东湖在以前即已受不到泛溢的水源，所以水是咸的；另一湖现在虽是河水主流灌入的地方，却是淡水，只是也没有灌域。

到 6 月中旬，夏季酷热急速地增加起来，使我们迫不得已停止工作，回到甘州去。我们到甘州去是走的毛目南边的一条沙路，我们的骆驼因为辛苦过甚，于是放到东北边上蒙古地方的公果尔旗山（Kongurche hills）上去过夏。到8月底才同我们会齐。我那时正从南山回来，因为坐骑失事，足部受了伤，不良于行；此事已见上章，今不重述。

此后到1914年9月2日，我们又由毛目出发上路，想爬过盘踞沙漠中间呈东南至西北向的在那里面积是极宽广的北山大山脉。我们所走过的路径总有五百英里左右，从未经人测量过。我只知道在十字交叉的明水井（Ming-shui）那一处，可以走上以前曾有俄国旅行家到过比较为人所知道的路上。为着安全起见，我们于是分为两队，各取一道，庶几测绘的地域可以更广一点。我那时还是不能走路，也不能骑马，不得已只好坐驴轿。这样一来，负责指挥我们行动的工作更其困难了。

在毛目我只雇到两位向导，都是中国人，据说曾同商队爬过北山，到过天山北边的镇西（Barkul）。但是他们对于沿途的知识，即使联合起来也很不够，所以不到一半路程，两个便都打发走了。自此以后，我们没有办法，只好靠着那模糊不清的商道作指南，而商道常有混乱之处，往往使得我们的罗盘的方向错杂不清。在这些石骨嶙峋的高山深谷之间旅行，没有水泉是不行的，这样一来，连找那很少的水泉也大大地增加了困难。水草稀少，前进愈加危险。在二十八站的长途中，只遇到了一个小小的蒙古包，也是得不到向导。

后来过了明水井，看见了天山最东头的高峰积雪皑皑的喀尔里克塔格山（Karlik-tagh），远远地在西北边，遂以此作为大概的方向。但是因为缺水和在高低曲折的山谷迷乱了，我们爬最后一道荒凉不毛的山峰，还遇到了许多很重大的困难。我们经过一条险峻的峡谷，在那里驴马骆驼因受了惊骇，总停走于离水草很远的地方，幸而安然过去，得以俯视广阔无际巉岩削露的准噶尔斜坡，远远望去，见一小小的黑点，可以揣想大约是树木之类。那就是我所想望很久的拜城（Bai），路上继续不停地走了四个星期，安然到达此地，牲口一匹都没有损失，欣慰之状真是非同小可。我们取新道爬过一大片荒凉不毛而在地理上有显著的趣味的区域，做了很广阔而又正确的测绘工作，虽然历尽艰辛，也算得到报酬了。

到了 10 月，我们又急急忙忙沿着已见冬雪的天山东部北麓，向镇西和古城（Guchen）而去。所过的地方，地形方面知道得比较多一点，因为历史上如大月氏、匈奴、嚈哒、突厥以及蒙古人的先后几次向西大迁徙，都要经过此地，所以它的特殊地形特别引起我的注意。准噶尔的山谷和高原，在气候方面比较适宜，远没有塔里木盆地那样干燥。有许多地方都是很好的牧场，在中亚的历史上常常占很重要的一部分。

在古代这些地方一次又一次地为游牧部落暂时所占领。像塔里木盆地那样干燥的平原，绝不能养活他们的牧群。但是一爬过天山，他们便可以很快地侵入那里，向沙漠田中定居的人民征取贡赋。我觉得最有趣的是从那无数的奉回教的哈萨克人（Muhammedan Kazaks）帐幕之中还可以看出很奇怪而又依稀的部落大移动的反影。这都是些吉里吉斯人，说得很好的"突厥"话，因为蒙古人受俄国的卵翼独立成为外蒙古，这般哈萨克人被他们驱逐，只好南向，受中国人的保护。而中国当局之兢兢业业，极力制止这些游牧的客人移动，以防备酿起移民的大潮流，这也是一个极可注意的教训。

我们到达镇西城的时候，已经是冬季了，在北山经过冰风的吹打，至是能得到内中有一块重要的汉碑紧紧封闭着的古庙以为荫蔽，真是不胜欢迎之至。然后由此通过为中国同蒙古商队中心的古城，在济木萨（Jimasa）附近考察测量那些多而且破的遗迹，这是古代此地都会的故址。中国统治中亚的时候，历史所尝见到的金满（Chin-man）以及北庭（Pei-ting），即是此地。而准噶尔盆地的这一部分在经济上和政治上同南方吐鲁番盆地重要沙漠田之有密切的联系，历史上很早的时候便已如此了。

吐鲁番是我冬季工作的地方，我喜欢取一条最直接而又未经过测量的路程到那里去。我们于是取道天山的一个阴峻地方，许多雪峰的高度都在一万二千英尺左右。这一次的行程又证明了古代中国记载到这一条路径的书籍之正确。同时又经历到天山两面的气候之悬殊。

准噶尔斜坂的高处一带都是很大的松林,稍微下去,有丰富的牧场。在另一方面,向南下降则为极度荒凉的严谷。这在干燥而又低陷的吐鲁番盆地却是很适宜的,在那里树木的生长,开化人的生存,只有靠着灌溉的一条路。

第十七章
吐鲁番遗迹的考察

　　吐鲁番盆地和迪化同古城之间一带地域彼此互相依靠的情形，从那些地方的政治史中都可以反映出来。汉唐时代，无论是北方来的匈奴人以及突厥人或者中国人来统辖，而车师前国和后国的政治命运尝是密切的分离不开。

自从离开额济纳河以后,我们的探险队便分成几队,到了1914年11月的第一个星期,才在吐鲁番盆地中央一个重要的沙漠田哈喇和卓地方重又平安会齐。这一个小区域,在经济上和历史上都很重要,而我之所以选此为冬季探险的根据和主要的工作地,还有其考古学上和地理学上的理由。就地形言,吐鲁番盆地之所以特别有趣,乃是由于在很密接的地形范围以内都呈集中的形式,所有邻近广大而相对的塔里木盆地一切特点,这里都可以表现出来。除此以外,此地的终点盐湖,是全世界陆地中,在海平面下最深的一个陷层。因此在时间允许的范围以内,我们自然得留心去作一次比较大规模的详细测量。现在且叙大略如下。

无灌域的吐鲁番盆地,在北边是天山方面积雪的博格多山(Bogdoula),南边是滴水俱无的库鲁克塔格山,盆地恰夹在中间。沿着库鲁克塔格山麓,有一个很大的断层槽,为最深的地方,在海平面一千英尺以下,形成吐鲁番盆地最特异的一点。盐湖沼泽大部分都已干涸,比之罗布泊海床,有如大巫之见小巫。向北是荒凉的高山,斜坡上广阔无水的冰川迤逦而下,正相当于和阗东部的昆仑山。在山麓部分因为有同样一大地层变位的原因,隆起一连串荒凉到极点的丘陵,下面则因此造出了断层槽。这些丘陵因为只是巉露的砂岩和砾岩层,形成红色,峥嵘可畏,所以中国人称此为火焰山。

盆地中的沙漠田只靠山脚下这些断层脊作唯一的水源,大都作为灌溉之用,因而出产甚为丰富。最奇怪的是灌溉不靠从天山高峰下降,至是重又冒出的泉水,而是用的一种很精密的井渠(Karezes)制度,以引导从山上流下来的地下水。盆地的气候极其干燥,并且因为槽谷过低,一年之间倒有多半是很热的。于是由于气候的温暖,以及泉水同井渠可以供给水源，盆地中的腴壤一年倒可收获两次。在这种适宜的情形之下施以灌溉，土壤因而肥沃，当地谷类以及果实棉花出产丰富，其故在此。

但是现在的吐鲁番商务甚为兴隆，而在过去由历史和许多的遗迹看来也很富庶，不仅由于那有限一点耕地适宜于农业，此外还得加上和天山北部诸地交通往来以及互换出产，大自然特别予以便利这一点，才能充分地解释。在天山北部因为气候比较潮湿，有很广大的牧场，于是出产牲口羊毛之类，这正是吐鲁番所缺的。而博格多山东西的山道又终年可以通行，因此交易往来，甚为方便。

吐鲁番盆地和迪化同古城之间一带地域彼此互相依靠的情形，从那些地方的政治史中都可以反映出来。汉唐时代，无论是北方来的匈奴人以及突厥人或者中国人来统辖，而车师前国和后国的政治命运尝是密切的分离不开。西元后第八世纪末叶唐朝在中亚的势力告终以后，这些地方的情形还是一样。西元790年，车师后国的都城北庭都护府为吐蕃和突厥的联军所攻破，而争斗也就此告一终结。

到了西元后第九世纪中叶突厥部族中的回鹘人在中国西北边陲突破了吐蕃人的势力，统有"东突厥斯坦"的多半地方，于是吐鲁番和迤北的地域为回鹘可汗牙帐者历数百年。在中亚，原来是游牧民族的回鹘人证明比之任何其他突厥部族能够而且热心于自己去适应文化的生活。一到夏季，回鹘可汗便移牙于山北斜坡上，享受祖传的生活方式，保持一个长久的时候，同时则向住在吐鲁番沃壤的人民吸取物质方面和精神方面的资粮，以加强他们的力量，享有属地的快乐。

回鹘人之统治吐鲁番，一直到十三世纪初叶蒙古人征服此地时为止，但是从文化方面看来，就在此后也没有受什么很大的变迁。据宋太宗太平兴国六年（西元981年）[①]王延德使回鹘可汗所记，那时的吐鲁番还是很兴盛的，佛寺甚多，并有从波斯来的摩尼僧，而回鹘人的智力以及吸收能力

---

① 原作西元982年，今依《宋史》更正。——译者

亦复不弱。王延德也看见回鹘王仍然不忘游牧旧习，每年都要去天山北面斜坡居住一些时候。蒙古人统治的时候，回鹘酋长虽然改信回教，但是一直到西元后1420年，苏丹沙鹿海牙（Sultan Shah Rukh）遣使中国经过此地，佛教依然未衰。

吐鲁番的佛教信仰既然如此根深蒂固，回鹘统治的时候，又没有遭过激烈的变乱，因而回教时代以前的文化遗存如宗教文学美术之类，四五百年来还能比较完好地流传至于今日。同时，因为吐鲁番盆地地理上的情形特别适宜于灌溉，历史时期以内垦地的面积也没有受显著的变动。所以此地不像尼雅废址或楼兰一样，有以前放弃在沙漠中的遗址，至今未有居人，或实际上放弃以后从无人居的处所，替我们保存一些在可以推知的有限的年代之内不受扰乱的日常生活的遗迹。此外加以本地重要地点未曾经过完全毁坏以及放弃的缘故，吐鲁番盆地所有丰富的回教时代以前的遗物实际上之所以全在耕种区域之内，或至今还在城市和乡村的附近者，其故在此。

因为易到而又显明，一直到十九世纪的末年，俄国旅行家都曾注意于此地。后来俄、德以及日本的探险队曾接续在此做过大规模的考古学工作。在这些人中间，尤以1902年到1907年有名的德国学者格伦尉得尔（Grünwedel）和勒柯克尔（Von Le Coq）教授所得为格外丰富。不过我于1907年在此小住的时候，就看出吐鲁番的遗址并未完全发掘净尽。

所以我们很高兴把一个冬季的考古学和地理学的工作拿吐鲁番作根据和主要的地点。拉尔星是永远热望新的工作的，于是派他去测量那一大段然而一部分还未考察过的库鲁克塔格沙漠区域，第二位测量员则从事于吐鲁番盆地的详细测量。至于我和另外两位印度助手已经开始考古学方面的工作，此后三个半月的工夫，我们就一直忙于此事。

邻接哈喇和卓大村一称为Dakianus城的亦都护城（Idikut-Shahri）是我们发掘的第一个地点。此地久已认为是突厥文中称为Khocho的高昌故址，唐朝以及后来回鹘统治时期的吐鲁番都城。周围土砖砌的城垣，面积约有一平方英里，呈不规则形，内有各种建筑物的遗迹，都是用土砖建成的（吐鲁番除果树而外，木材甚少）。大部分是佛教寺院，其中规模宏大的为数不少。历年以来，附近乡村的农民尝将此堆积尘沙的遗迹拆去，以为肥田之用，有许多掘剩的小建筑物也被他们铲平，以好多得耕地。

自从柏林民族博物馆（Ethnographic Museum of Berlin）的格伦尉得尔、勒柯克尔教授先后在此发掘得到丰富的收获以后，当地土人于是也希望弄到有价值的写本和古物，以好卖给迪化的欧洲旅行家一类的人，偶然也卖给中国的收藏家，因此毁坏的工作为之大增。这一类的出品数目自然也很可观，但是在我看来，还是到那尘沙堆积较深未经前人发掘过的遗迹去找为比较妥当。有系统的清理，找到各种各样小而有趣的遗物如壁画画片、纸本和布质画的残幅，以及塑像，都可以表示吐鲁番的佛教美术；此外还有一些作装饰用的织物残片。也掘出一些用回鹘、西藏、汉文以及摩尼教人的变体叙利亚字所写的书籍残片。

因为遗址居人继续很久没有断过，所以不容易断定这些发掘品的正确年代。较为有用的是发现一大批保存甚佳的金属物件如镜、各种装饰品以及家具之类，在那里并还找出许多中国古钱，由此断定遗物的年代是在宋朝，可算相差无几。而十二世纪初叶地窖始建的时候，有仓库的圆顶形教堂建筑必已开始倒塌了。

我们把吐鲁番东部的小遗址，连那称为西克普（Sirkip）塔的佛教大塔在内，赶快地考察之后，便转向吐峪沟（Toyuk）上面景物如画的峡谷内的遗址。在那里有为以前佛教和他教僧侣住过的无数石窟，像蜂房一般点缀在风蚀了的小山峻壁之上，下面是一道小河，由此流向以产葡萄和葡萄干出名而很繁盛的小腴壤里去。山坡不甚陡峻，建有窄狭的台地，上有小寺院和僧寮遗迹。在这些地方的最上头第二次的德国探险队曾得到重要的写本。

这些像猿猱居住的地方，以前是多少没有被人动过的，后来本地找古董和宝贝的人在此予以很惨的毁坏。但是在下面还是找出一些遗址，被很厚的尘沙掩住，作为保护，只要雇到许多工人便甚易清除。我以前在没有人烟和水草的沙漠废址中工作常遇困难惯了，如今到吐鲁番的遗迹中工作，在我看来，真是如同郊外一般。到末了我在吐峪沟找到不少好看的壁画和塑像残片。此外汉文和回鹘文的写本也很多。

到了12月中旬，我们从吐峪沟移到木头沟（Mutuk）下面重要的伯子克里克（Bezeklik）遗址。伯子克里克遗址位于流灌哈喇和卓沙漠田的河流西岸斜坡砾岩台地上，在荒山窄狭的峡谷之中，俯瞰着吐鲁番主要的盆地。这里有很广阔的一连串倒塌了的寺院，一部分是凿石而成，墙上都绘有壁画，为回鹘时代遗物，画的是佛教故事和崇拜，种类风格极为复杂。就丰富和美术方面而言，吐鲁番盆地中任何同样的遗址都比不上，而同敦煌千佛洞丰富的古画可以相抗衡。在1906年，格伦尉得尔教授（Prof. Grünwedel）以他渊博的佛教图像学和美术的造诣，对这些精美的壁画作过仔细的研究，选了许多好壁画拆下来运回柏林，故勒柯克尔教授以前也曾弄回过一些，很好地保存在那里。

几百年来此地的壁画被不信偶像的回教徒有意地损坏不少。到了近来本地人又破坏一次。他们很鲁莽地一小部分一小部分地拆下来卖给欧洲人。最近的将来之会再加以毁坏，那是再显明不过的事。在目前的情形之下，要把中亚这些精细的佛教绘画美术遗迹中特别的标本尽量予以保存，只有很仔细地用有系统的方法搬走。我于是利用我的帮手纳克山苏丁（Naik Shamsuddin）的有训练的技术和手工经验来做这件费时困难的工作。并由阿佛拉兹果尔汗（Afrazgul Khan）予以勇敢的帮助，继续不断地做了两个月苦工，竟告成功。为着指导他们工作，曾仔细地预备了画好的图样。

拆下来的这些壁画，足足装满一百多箱，装箱时很严密地依着我第一次装扎磨朗寺院壁画的专门方法。这些脆弱易破的大泥版，如何用骆驼犁牛驴子运输，经过近三千英里的路程，沿途最高处达一万八千英尺，安然运到印度的详细情形，此处不能细说。从1921年至1928年，我的美术方面的朋友和助手安德鲁斯先生大部分的时候都花在把伯子克里克的壁画装置在新德里（New Delhi）特别为陈列我的第三次探险所带回的古物而建筑的新博物馆里面。

那时大约在圣诞节，我匆匆忙忙地跑到天山北边迪化省城，去拜访我的老朋友，那时正做新疆藩台而又是一位学者的潘大人在我的三次探险之中，无论远近，他都热心帮助我的工作。省当局曾有一次又想阻拦我，幸亏他帮忙才得打消。1930年我再到那里，这一位全省钦佩的公正长官已经逝世了；他虽历经要职，而身后仍是清风两袖！那时我能趁着机会亲自向他道谢，回想起来总算是比较可以自慰的一桩事。

1915年1月在木头沟附近的工作，足可以牵绊住我，所得收获是既丰富又离奇，有几点又未免有点不愉快。从木头沟口峡口下降处有一满是石块的荒地，位于阿思塔那（Astana）大村之上，西边和哈喇和卓相接，那里有一大片古坟场。覆着石头的小圆锥形堆，围着石头的矮篱，把那些坟堆一组一组地分开来。墓室大都很深地掘入细砾岩或砂岩层中，由坟堆可以知道墓室的位置。从岩石上凿一狭长的通道，凿成后又行填塞，由此下去是一短短的隧道，为至坟墓的通路，也筑有砖墙将路挡住。

据当地人说，这些坟墓大部分是于十九世纪回疆大乱以后阿古柏执政的时候，被人盗发，搜掠殉葬值钱的东西，但是时间大概还要早一点。而据我们考察的证明，吐鲁番沙漠田中无论树木或是牛粪一类的燃料都很缺乏，所以那些古代棺材上的硬木头，也成为很有用的副产品了。以前开向墓室去的通道已被流沙完全塞住，而当地的气候又异常干燥，所以我们在那里面得到的东西都保存得很好。近年来中国因为革命，解放了人民对于死者尊敬的观念，于是这些坟墓便引起了当地找古董者的注意。他们的工作并没有十分深入，但是由此可以看出地方对于此事并无嫉视之意。我于是能找到一位阿思塔那的村民作有用的向导，他对于此事有悠久的经验，于坟茔地点也特别地熟悉。

自愿的工人可以招集很多，于是无数的坟墓先后便很快地都掘开了。把每一座坟墓作有系统的研究之后，可以明白这些坟墓都是西元后第七世纪初年到第八世纪中叶之物。这是唐太宗贞观十四年（西元640年）征服此地以前，统治吐鲁番的本地王朝最后诸王在位的时期。至今哈喇和卓和阿思塔那附近的高昌故城，就是当时的行政中心和屯戍重镇。

紧靠许多坟墓的入口处并还找到一些汉文砖志，可为年代上作一证明。据翟理斯博士（Dr. Giles）和马伯乐教授（Professor Maspero）的解释，这些墓志记的是死者的姓名、年代、生平，等等。这同在有些坟墓中所找出的汉文文书上面所写的年代也相符合。那些文书的内容都是一些日常例行的琐细公事，如驿站的建立、书信的登记，部属的过失之类，大约视为废纸，所以放入坟内。有几具棺材，到当时还未为盗墓者所开，其中一具就放有一大包各种各样的纸，显然是用来填塞棺材的。

所找到的死尸以及在一起放置的东西大都保存得很好，这自然由于气候的干燥。所得的东西种类甚多，几乎一切都可以帮助我们了解那一时期吐鲁番地方日常生活的许多方面。其中有做得很干净的家具用品的模型，以及许多备死者在另一世界使唤的绘画的塑像。有做得很仔细的女佣，衣饰甚为有趣；还有一些武装的骑士，大约是侍卫之类；此外是衣服特别的本地仆役。

还有很生动很精致的马俑，可以使人回想到至今犹为帕米尔东西两侧所宝重的拔达克山种。鞍鞯之属甚为华丽，可以见出当时所用马具之一斑，装饰的图案，有许多至今那地方的鞍鞯匠还在使用。有许多骆驼俑也是仿生物造的，其精美不下于马俑。在坟墓进口的小室中又找出许多奇形怪状的大塑像，和中国雕刻中的土鬼（Tu-Kuei）相像，大约是供死者拒退妖魔用的。

为死者所备的许多食品中最有趣的是各种各样的面食，保存得甚好，特别是性质极脆易损，经过盗墓的惨劫而犹能如此。因为这些面食极脆易破，所以安然地装箱转运，很不容易。死者个人所用的东西中有妇女的化妆品，这一定是生前所用的真物。

这里也有把尸体用毡子一类的东西裹住的风俗，和楼兰古坟的遗物一样，裹的东西大概是丝质品，研究古代的织造美术，这真是很丰富而有趣的材料。在阿思塔那诸墓中所得的，年代大概都很确定，所以尤其有价值。织物中有些是彩色或单色织成的人物画。那些复杂的图案，对于说明那一时期的吐鲁番和"中国突厥斯坦"其他沙漠田在中国和西亚贸易交往中所占的地位，有很大的帮助。在纯粹中国图案的人物丝织品旁边还找出很多的丝织品，上边的图案都是西元后第三世纪至第七世纪近东各处以及伊朗——为方便起见称为萨珊王朝时期，丝织品所特有的装饰风格。

这种萨珊式人物画丝织品特别用为死者的面衣。其中可以特为一述的是一块很美的图案化的熊头，放在萨珊式的珠圈以内。这是很有力量而又很新式的一个作品。此外还有一些画人物的丝织品，确实是中国制造，而用的母题（Motifs）却是特别的萨珊式，那一时期西方的图案之影响到中国的趣味，由此可以很清楚地看出来。这一类也许是制来输到外国去的，亦未可知。

东西接触的情形，还有一个很奇异的说明那便是金币：仿东罗马（Byzantine）式铸的金币，按照古代的风俗含在死者的口中，西元后第六世纪萨珊朝诸王所铸的银币则用来掩住双眼。但是有真正的美术价值而得在此一说的乃是中国的东西。有一幅很美丽的分成数幅连起来却是一卷的绢画残片。这显然是死者生前所珍爱的遗物，不幸被盗墓者撕破，只余残片。上面很精细地画作一些各有所事的妇女在花园中的情形。中国美术到了唐朝号称极盛，这一幅画虽只余残片，然而不失为世间绘画的一个可靠的标本，所以虽然破碎还是有很大的价值。

我在吐鲁番所得许多考古学上的东西，仔细地包扎好，装上了五十头骆驼，于是把这大队古物交给我的最可靠的从者"突厥"人伊布拉欣·伯克（Ibrahim Beg），由他押送，经过两个月的长途以至疏勒。到2月中旬，吐鲁番盆地的详细测量也将近完成，我于是可以在现在的吐鲁番城西位于两河之间岛形的雅尔湖（Yar-Khoto）故址，作一缜密的考察，以结束我们在吐鲁番盆地所做的工作。

那是一所孤立而天然坚硬的高原地方，有一些倒塌了的房屋和庙宇，大部分是凿开黄土地而成的。这是汉代吐鲁番地方的古都城，形势甚为伟大。但是因为遗址里面的黄土，附近的村人很容易掘去肥田，只剩下很少的几层尘沙，以供有系统的发掘。所以当中国人又开始直接禁阻我作考古学活动的时候，我也愿意放弃此地，南向库鲁克塔格山，在沙漠中作新的探险。

第十八章
从库鲁克塔格山到疏勒

在库鲁克塔格山间那一大片荒凉不毛的高原中,只有新格(Singer)是唯一永久可住的地方。他到达那里之后,照着我的指导,东南向风蚀的罗布沙漠中楼兰废址附近作三角测量,他在那冰风刺面温度降到华氏表零度以下的地方,好容易盼到空气澄明的时候,能够望见南边昆仑山脉积雪的高峰。

在吐鲁番盆地的考古工作固然很有趣而结果也很好，而我却时时刻刻渴想回到空旷的沙漠中去。但是夏天在南山所受的伤还没有复原，不能像在罗布沙漠一样，作长时间的新鲜探险。所以1月底拉尔星"干山"（Dry Mountains，即指Kuruk-tagh）探险安然归来，我也就引以为慰，不作别想了。我那位孜孜不倦的测量助手自从11月和我告别以后，经过极大的困难和危险，竟能完成他的重要工作。

在库鲁克塔格山间那一大片荒凉不毛的高原中，只有新格是唯一永久可住的地方。他到达那里之后，照着我的指导，东南向风蚀的罗布沙漠中楼兰废址附近作三角测量，他在那冰风刺面温度降到华氏表零度以下的地方，好容易盼到空气澄明的时候，能够望见南边昆仑山脉积雪的高峰。我要他注意的目标是把他的三角测量和一年前沿昆仑山脉北坂测量时所定的山峰联络起来。他为此事未尝不受过苦努过力，但是现在他和横过罗布沙漠山脉之间的距离太大，在一百五十英里以上，同时从他前次在那里工作以后以至于今，时间也相隔过久。所以后来在德黑拉敦测量局（Dehra Dun Survey Office）计算他测定某峰的角度观察，那峰只见一次，并微有蒙气，观察因有错误，实是不足为奇的。

拉尔星并不因遇到困难而失望，那时他仍向阿尔特米什布拉克（Altmith-bulak）东北未经探险绝对不毛的区域推进。幸而他在新格得到阿布都拉欣姆的同伴的帮助，这是很有经验的猎人，一年前我从楼兰向敦煌找寻中国通西域古道的时候，就曾得过他的有价值的帮助。在那极度干燥的区域里，他们携带冰块，靠少量的水来维持他们那一小队人。但是从阿尔特米什布拉克带来的燃料好几天之前便已经告罄，所以在拉尔星决定自东经九十一度以外再向西去之前，晚上只有同严寒奋斗。然后他们取一条从前哈密猎取野骆驼的猎人曾经走过的旧碛路，一直下去以到充满吐鲁番盆地最深处的盐泽地带。沿途用水银气压表仔细观察，所测定的海平面的低度（在一千英尺左右），远比以前为正确。拉尔星虽然很受点辛苦，他仍然不顾，在我们的根据地只小作休息，便于2月的第一个星期再向库鲁克塔格山出发，这一次他测量的是西部。

我自己于1914年2月16日离开吐鲁番向库鲁克塔格山出发，在新格找到阿布都拉欣姆的小兄弟作向导，考察西边山谷中一些地方，在那里可以找到古代居人的遗迹。连续不断的极其险峻的群山和其间风化了的深谷，和库鲁克塔格山大部分啮蚀下去的高地情形大不相同。但在此地找水也极其困难。然后取道东南经过绝对不毛的沙滩地以达库鲁克塔格山麓。在那里常常遇到野骆驼；这一处荒凉的地段，也同敦煌西边的沙漠一样，是这些极其胆小的动物最后的安身之所。

在多兰阿齐齐克（Dolan-achchik）盐泉子取到冰块之后，我向南走入风化了的沙漠地带，测绘"干河"河道；此河水以前曾流向楼兰，去年在此，把最后一部分没有测量。沙雹季现在已经来了，酷烈的冰风使我们的工作很感困难。在这种情形之下，我于俯视古代河床平原的黏土台地上发现两座小小的古代葬地，从事发掘的工作，很使我回想到去冬在楼兰坟地的经验。发掘所得的东西，和去年在楼兰东北部最远处的坟墓中所得甚为相合。葬在这里的人，即为中国史书上所说西元后第四世纪此道废弃以前，住在楼兰地方以游猎为生的土著人民之一种，那是毫无可疑的。

从这些坟墓中所得的东西，很可以显出住在楼兰的那些半游牧人民生活的方式和文明，同往来那条古道上的中国人相差是如何的辽远。其中我要说及的特别有趣的一点是所找到的总是用羊毛布包住成小捆的，现已证明是麻黄的植物，这是近年来才传到西洋医学界中作为很猛烈的药剂的一种碱性植物。在最古的雅利安（Aryan）人书中往往赞赏神圣的号摩草（Haoma）和印度挲摩汁（Soma），以为是一种甘美的饮料，为神和人所喜欢的，何以后来火袄教仪中以极苦的麻黄来代替，至今还是成为问题。

沿着库鲁克塔格山麓，我很焦急地找寻阿佛拉兹果尔（Afrazgul）的踪迹。在2月初间，我从吐鲁番派他出去到罗布沙漠中做一困难的补充探险工作。因为地方极其艰险，路程又远，于是把四头强壮的骆驼交他带去。但是要到我们指定的地点会齐，他未免有点过于劳苦，所以我对于这一小队的安全，甚为忧虑。我回到多兰阿齐齐克的第二天，他带了连我的老驼夫——健壮的哈三阿浑在内一共三个"突厥"同伴来同我们会集之后，那时我才如释重负。

他自从北边抄近路到阿尔特米什布拉克取得冰块之后，在楼兰的极东北，去年我经过那里没有时间停留的地方，考察了一些遗迹。然后由中国古道折入干罗布泊海床的那一点向西南，很危险地从那时塔里木河春泛正到小湖极北边找寻近路。最后横越我于1907年1月所曾横过的那些可怕的高沙丘，而另取一个方向，以达库鲁克塔格山麓。这一队人在路上一个半月，没有看见一个人以至于一个生物，经过极度困难的探险，带回了一个正确的平面测量和详细的日记，此外还有一些有趣的古物。

我们后来向西移到称为"营盘"的地方。"营盘"位于古代干河河床和从焉耆来的宽车河（Korlche-darya）分流地点附近。科斯洛夫大佐和赫定博士首先在此发现有趣的废堡残址和一座小寺院遗迹，据所得的古物，证明这是一座堡垒。据一中国记录，此地原名注宾（Chu-pin），西元后的起初几世纪位于到楼兰去的河水旁边。这显然是保护古代中国通西域大道的一个重镇，至今从婼羌到吐鲁番的路道要经过此处。这里之有中国戍卒，由一些保存很好的古墓中所得遗物可以看出来。

后来在我从东北经过沙漠以达库尔勒（Korla）的途中，沿着库鲁克塔格山麓，发现古代障塞遗迹，绵延到一百余英里。这些碉楼其中有很大的，构造的形式同我在甘肃沿着中国古长城所发现的一样。这种碉楼显然建于西元前100年左右，那时汉武帝开通西域，因筑长城建障塞，以保护从敦煌到楼兰的通路。

从这些碉楼的高度、彼此间的距离，以及其他各点看来，最初乃是用为传达烽火信号之需的。自从中国的统治扩展到天山以北，并且开辟了取道哈密的一条大路，把经楼兰的那条路废弃以后，这条古来的大道远不如从前重要了。但是从在碉楼旁边垃圾堆里所找得的古钱、纸质的破烂中国文书之类，还可以看出碉楼所在的那条路线，到了唐朝，仍然有人来往。

从前后《汉书》上我们可以知道匈奴人的侵略一定到过塔里木盆地东北角上的库尔勒沙漠田，对于住居楼兰的中国人以及通楼兰大道安全的威胁不止一次；所以在汉朝的时候，这种烽火的设备一定是特别必需的。库尔勒迤逦于天山山麓，在腴壤的东头，从古至今都是塔里木盆地北部的一条大道；同时离焉耆大山谷也最近，从此到焉耆只有半天路程。这一座山谷从裕勒都斯（Yulduz）河源大高原处向下逐渐展开，自匈奴时代起以到现在的蒙古人，都是游牧民族最好的牧场，无论何时，游牧民族入寇侵略，这都是最易到的地方。

焉耆山谷在南端和近焉耆城处逐渐展开，成为一相辅的盆地，其间由博斯腾淖尔（Baghrash-Köl）占去了一大部分。这是一座天然的大蓄水池，一称为焉耆河的开都河（Kaidu-gol）即出于此；库尔勒大量的灌溉，以及古代一年中大部分为干河的主要水源，而水量甚多常常不变的宽车河也都取给于此。

现在的居民大部分是蒙古人，大约是因为这个缘故，现在沿博斯腾淖尔边上肥沃的地方，比较开垦得不多。但是据中国记载，古代焉耆在经济上和政治上俱占重要地位的时候，情形都与今日不同。紧靠淖尔的北边，为古都城故址今称为报达沙里（Bagh-dad-shahri）的那许多遗迹，就是一个证明。此地因为地下水分含有盐质，气候又不如塔里木盆地本部那样干燥，所以一切的建筑遗迹全都毁了。但是在我第二次探险的时候，却给我一个很好的做考古学工作的地方；1907年的12月，我能够清除一大群倒塌了的佛寺。这些佛寺，当地回民称为明屋（Ming-oi）意即"千屋"，疏疏落落，点缀于天山山麓以至博斯腾淖尔出口北边石台地的低处。

这些残址排成长列，室宇彼此分开，大小不等，而构造和形式却全一样,多雇人夫,不难有系统地予以清除。所有佛寺除受雨雪摧毁以外,还曾遭了很大的火灾。此地所得的古钱年代直到西元后第九世纪,所以很可以说此事与最先入寇的回教人不无关系。但是不管摧残偶像是如何热烈,气候情形是如何不适,发掘的结果得到很丰富的古物。大殿内部以及走廊上尘沙堆积的深处,找出许多很好的小塑像,以前大约是用来嵌在壁上的。黏土塑像经过火烧,变得像陶器一样的硬,因此在当地那种显著的气候情形之下,还能不受损害,保存至今。在有些穹形的走廊上,我们还发现很有趣的壁画,只因一时为尘沙所掩,遂得免于火灾和潮湿之劫。以前这些寺院总有不少的供养施舍,至今所得画版以及以前涂饰富丽的精细木雕品就是一个证据。

这些美术遗物的风格,除去木雕四天王像为唐雕佳品以外,其余明白显出印度西北边流行的希腊式佛教美术很大的影响。但是在研究这种美术传入中亚的历史的人看来,大多数塑像中最有趣的是模制头部的奇异倾向,有些姿态俨然模仿哥特式（Gothic）的雕刻。这似乎是一种平行发展的结果,尤其奇怪而可贵的是在过程中全无联络;至于最终的原因也许有点关系,亦未可知。

1907年1月我第二次探险的时候,来了一个给我试验流行于库尔勒和塔里木河北边一带沙漠田中关于沙埋古城故事的机会,据说向南入沙漠以后便可看见。在这些沙漠田和塔里木河以及从库车和布古尔（Bugur）来的北方支流河畔丛莽地带之间,比较地窄狭,没有高的沙丘,那是真的。但是到处还是一样地相信此说。

库尔勒的猎人屡屡坚持他们曾经见过有墙壁的城垣,这引起我在库尔勒的西南英气盖河（Inchike）和孔雀河（Charchak）之间未经测量的沙漠区域作一短短的探险。此处河道迁徙无常,这种变迁在地理学上是很有趣的。但是到末了才知道这些详细的报告,除去在干河床旁边有一些回教人坟墓和粗陋的牧人房屋之外,其余全无实在的根据。我的那些假向导十分相信自己,起初他们希望可以靠着我的法术发现那些遗迹和宝藏,后来觉得我那种假想的法术敌不过妖魔鬼怪,以致故老相传,他们幻想中曾经看见的古城俱隐而不见,因此真的发愁起来。其实他们不知道那种古城是沙雹中所常见的事!

在我的第三次探险中,当1915年4月初间,我以库尔勒为吐鲁番工作以后各队会齐的地方。几天之后又从此重上漫漫的长途以至疏勒。拉尔星的工作仍是紧靠着天山,在季候的初期和时间许可之内,作主峰的测量。派第二位测量员穆罕默德·雅古伯(Muhammed Yakub)向南渡过孔雀河和英气盖河以达塔里木河,任务是测量莎车附近塔里木河主流的情形。1913年的秋季,他们一切准备妥当之后,因为河畔丛莽间有丰富的牧地,我于是把大多数的骆驼交给他带去。我自己仍然沿着天山南麓那一长条的沙漠田,大都从事于考古的工作。

塔里木盆地的主要商道仍和往古一样,从这条路线经过。自库尔勒到疏勒这条有名的大道长达六百英里以上,关于这些沙漠田的历史以及现在的地形和经济上的情形,几还能得到很多有用的观察。但是因为有种种原因禁止作真正的探险,所以此次的旅行只能约略叙述一二。

因为居民继续不绝,灌溉又甚繁密,在小沙漠田中得以存在的遗迹不多,而周围以及其间的沙漠地又无充分的流沙,可以保存古物。例如库尔勒西边五站路的布古尔沙漠田,我相信即是《前汉书》所说西域都护所在的轮台(Lun-tai),可是并没有找出什么古代遗迹。而在此外向库车去的土质沙漠中,沿着商道我却发现一群庞大的碉堡遗迹,这可证明古代中国通西域的大道,一定和此路相合的。

大道到达了库车,这是疏勒以外,天山南麓最大的一片沙漠田了。这里垦地面积很广,因为有两条大河,灌溉方便,经济方面的出产也很丰富;此外向北过山可达富庶的准噶尔地方,向南可沿和阗河河床横越塔克拉玛干沙漠,可以直通和阗,这两条路都与大道在库车相接,所以就地理上的位置而言,特别宜于贸易。在政治上和文化上既然如此重要,因此历史上此地常常引起人的注意。如今库车所有无数的寺院以及石窟寺遗迹,都可以反映出当时佛教的兴旺，以及维持这些寺院的人民之富庶来，其重要可想而知。

大部分遗迹都在河流离开山麓距大道不远的地方，所以一向就被人注意到。1908年第二次探险，我才能抽出一点时间到库车作一短短的访问，而在此前德、法、俄诸国的探险队早已先后到此，作过详尽的发掘。往年装饰在和色尔（Kizil）、昆都拉（Kum-tura）石窟寺的那些最好的壁画，都运到柏林民族博物馆，而成为格伦尉得尔、勒柯克尔诸教授大著中的主题了。这些探险所得到的写本也有极大的价值；写本范围虽然不广，却可使我们知道库车古代的语言，也和现在吐鲁番盆地所说的话一样，证明属于印欧语族，尤其和意大利斯拉夫系（Italo-Slavonic branch）相近，而非为雅利安语。

以前诸人工作的结果虽然有限，但是还有不少有用的考古学上和地理学上的工作，使我在库车沙漠田和附近足足忙了三个星期。得着阿佛拉兹果尔汗的帮助，对于现在的垦地面积，以及散布在南东西三面荦确不平的沙漠中无数的古迹，可以证明以前一定有人住过的地方，都作一次详细的测量。在有些遗址得到有趣的古物，可以断然将有人住的时候推到佛教时期。而测量的结果更可以确实相信唐代库车腴壤所需要的灌溉工具远比现在为多。

结论似乎明白指出为库车沟渠水源的两道河流，从佛教时期以后，水量是大减了。但是和阗沙漠田的情形有许多和库车异常相像，若就和阗比较来说，一个以前灌溉很好的地方，在历史时期遽然放弃，是否水量减少可以算是直接的原因？在此以前还经过什么阶段？就古物的证据看来，这些问题还不易确切答复。不过要讲到议论纷纷的中亚干燥问题的时候，水量减低的事实却不能不留意的。

1908年1月我第一次草草地拜访库车的时候，从此开始作一很困难并且显然很危险的旅行，自塔里木河向南横过可怕的塔克拉玛干大沙漠，以向消逝于沙丘中的克里雅河地方。至于那一次要算危险的旅行经过，我在

《沙漠契丹废址记》一书中已经说得很详细，此处即使可以使我再述一遍，从我们在此处的立场看来，也未免离题太远了。

5月初我从库车动身向西，离开那些青翠美丽的果园，以及正和中国古书所说一样的那些温和有礼蔼然可亲的人民，未尝不有点黯然。阿佛拉兹果尔汗派去测绘到阿克苏（Aksu）去最近的古道，这一条路经过荦确不平的沙漠到达一座荒凉突出的小山之南现在有好几站滴水俱无，实际上已是废而不用的了。我自己为着要查访一两处小小的佛教遗址，于是经过拜城小盆地，循大路前进。拜城在小山的北边，有从附近天山木素尔达坂（Muz-art）冰河发源流向库车的一条河以资灌溉。

我们行抵那辽远的阿克苏沙漠田，新疆夏季的酷热已经开始到临了。所以我对于从西北来的托什干河（Taushkan river）两岸狭窄的耕种地带无古迹可供发掘一事全然不愁。此地在古代似乎不甚重要，现在之所以有这许多人口，乃是后来一种原属半游牧性"突厥"部落不为人知的多兰人（Dolans）移殖到此而成的。

我们到巴楚（Maral-bashi）去，总走了六大站还有多，经过的大部分是沙漠地，所望见的只是属于环绕柯坪（Kelpin）小沙漠田的天山外支的一些荒山。在我第二次探险的时候，我曾于1908年5月横渡这些荒山作过一次测量，离开此地以后找到一线倒塌的驿站，可见古代的下道是在现在路线的北边，经过现已无水流沙充塞的荒井地方。而巴楚以外喀什噶尔河（Kashgar river）终点河床的易道，大约就是古代商道改途的原因。

巴楚附近另外有一多兰人的居留地，位置在塔里木河和喀什噶尔河将要相近的地方，天山最后支脉的那些孤独的石山，像岛屿一样耸立在至今有些地方犹是沼泽的广大平原之中。有两处正在现在的大道经过图木舒克村（Tumshuk）的地方，有一些唐代佛寺残迹。这些遗址我都去过，但是因为伯希和先生（M. Pelliot）和勒柯克尔教授曾经在那里搜访过，并不能使我留恋。1913年的秋天，我已经在北边很远同样位置的一所小佛教遗址作过探险。加以其他考古学上的证据，指出现在从巴楚到疏勒的商道在左右岸先后交错的喀什噶尔河主流,大约在中古时候,要比较地靠近俯视疏勒东边平原峻陡的山系脚下一点。

然后行近伽师(Faizabad),已经进到肥沃的疏勒大沙漠田的东头了。到5月,我又到了奇尼巴格(Chinibagh),受英国总领事老是那样和蔼的荫覆;自从1900年以后,我所有的中亚探险,全是以他为温和而可靠的根据的。

第十九章
从疏勒到阿尔楚尔帕米尔

　　然而最能使我精神兴奋的乃是能够实现渴想已久的横越俄属帕米尔和妫水以北诸山的计划那一桩事。我从幼儿的时候，对于世界屋脊以及邻近伊朗极东头那些大区域，因为地理学方面各种各样的趣味以及民族学和历史学上的关系，就有一种特别的幻想。

1915年6月我到疏勒以后几个酷热的星期，都在忙于长途跋涉，从喀喇昆仑以到帕米尔的古物好好地重新装箱的工作和其他实际的事务，一共装成一百八十二大箱。那时候我的旧根据地由大佐赛克斯爵士（Colonel sir Percy Sykes，其时为 Brigadier General）暂代马戛尔特尼爵士为英国总领事，得了他的好意，使我工作减轻不少。虽然因为不久就到了帕米尔，我于是失去印度政治部有名的这位官员和天才作家而兼旅行家他的妹妹赛克斯女士做伴，然而在奇尼巴格好意安排的一切，使我仍然能够得到所有的快乐和帮助。

　　然而最能使我精神兴奋的乃是能够实现渴想已久的横越俄属帕米尔和妫水以北诸山的计划那一桩事。我从幼儿的时候，对于世界屋脊以及邻近伊朗极东头那些大区域，因为地理学方面各种各样的趣味以及民族学和历史学上的关系，就有一种特别的幻想。只是由于政治的情形，很久以来便禁止所有英国的旅行家通过此地，尤其是像我这样服务于印度政府之下的人。但是英俄协定的完成，调和了两大帝国在亚洲方面的利益，于是为着我的学术上的目的，这种障阻也许最少可以去除一部分的事，似乎不无若干希望。因此我于1913年的秋天向印度政府外交部陈请，并经伦敦外交部的许可，希望俄国政府或许可以允许我游历帕米尔的阿拉（Alai）地方，以及向西自中国到大夏的古丝道必定经过的那些山地。

　　由以前的经验，对于"中国突厥斯坦"所需要的外交手续以及迟滞的邮政交通，安排了适当的时间。一切和从前一样，1915年4月在库车收到一个邮包，从西姆拉（Simla）带来了半官式消息，说所希望的允许已由俄国外交部答应了，我才为之释然。我觉得甚为高兴，英俄两帝国的同盟因大战发生而巩固，而大战似乎也帮助了这次特许之成功。

第十九章　从疏勒到阿尔楚尔帕米尔

我最后的计划是以通过"俄属突厥斯坦"到波斯东南部作为下一个冬季的工作；我急于希望实现这种计划，但是到了疏勒，却大受挫折。俄国外交代表总领事麦斯撒尔斯基亲王（Prince Mestchersky）和英国总领事的交情很好，接待我也很客气。但是他宣称并没有接到任何许我入俄国国境的训令。他于是立刻向塔什干去询问，总督署也说同样地不知道有允许我入境的那一回事。这种延宕当然使我异常焦急。最后我只好直接向彼得格勒英国大使去一电报，得到鲍卡南爵士（Sir Buchanan）的回电，说是所要的允许证，俄国外交部久已发出来了。于是麦斯撒尔斯基亲王很客气地答应对于我自己即以此电作为充分的证据，签发所要的特别许可证。

此外我还有一个很高兴的理由就是谈论之后，因为我之所以要到那地方去为的是科学的兴趣，于是那一位文质彬彬的外交家立即答应许可证，可以通行全帕米尔和"俄属突厥斯坦"邻近诸地。后来我通过边境和布哈拉保护国，三个月的旅行受到最得力的帮助，其间大部分当然是由于他的好意通知俄国当局，才能如此。一想到以前英国游历"俄属突厥斯坦"的人所受的猜疑，以及从此以后那些地方变本加厉的情形，我不能不感谢命运，在大战的那一个适当期间，使我能实现久所想望的一次游历。

把我要运到印度去的沉重的八十驼古物一切都安排妥帖之后，到了7月6日我于是能够离疏勒西行入山了。但是夏季昆仑山谷的山洪暴发，不许可我那贵重的驼队立即向喀喇昆仑岭道出发。于是负责照管驼队的拉尔星，趁那时候出去测量由穆兹塔格山（Muztagh-ata），迤逦向北到喀什噶尔河源以与天山相接的那些高耸的雪山。

在他没有同我会齐听取最后的命令以前，我于是趁机隐居在博斯腾山吉里吉斯人帐篷上面满是落叶松的高山之中，得一个星期很快活的安静生活，清理了许多急迫的文债。山谷底下是我的那些在罗布沙漠中及其他地方艰苦的伴侣勇敢的骆驼，冷清清地在那里放牧，享几星期的福。等到我离开高山顶上的隐居，和这些骆驼最后分手，几乎和忠诚的拉尔星暂时告别是一样的难过。我留下的印度助手只有年青的阿佛拉兹果尔汗一人，这一个人我知道即使无测量或发掘的工作可做，他也时时刻刻准备在使他有用的。

　　长期劳碌以后，经过休息，精神恢复，我于 7 月 19 日从山上帐篷中向疏勒和印度发出最后一封沉重的邮包之后，遂开始对着乌鲁克恰提（Ulugh-art）关口和那面的帕米尔前进。到第二天我们越过高达一万六千英尺的险峻的隘口。过了隘口，陡然下降，只见横越摩吉（Moji）大山谷以达俄属帕米尔东端坚垒，白云弥漫，有若大海，真是洋洋大观。从隘口的下面可以看见自南方冰峰流下长约十英里的一座大冰河的中间和下段。

　　下降时要经过北边一连串的峻峰，附近是一些小冰河穿插其间；全程甚是困难，有些地方驮东西的牲口真是没法通过。到达平安地方再仰望那伟大的冰河河口时，我深深地感到我已经爬过了子午向大山，这在古代是界分托勒美的内斯克泰和外斯克泰（Inner and Outer Scythia）的伊摩斯山（Imaos），在现今则作为伊朗极东部和中国的中亚领土极西部的界线。骑马步行走了三十三英里之后，当夜到达摩吉下面大山谷公提格马兹（Kun-tignlaz）的吉里吉斯牧地。在那里我会到赛克斯爵士兄妹，他们正从塔格敦巴什帕米尔（Taghddum-bash Pamir）回来，第二日在他们的帐篷里很快乐地欢聚一天。

　　我们沿着中属帕米尔极北边，上到喀什噶尔河西源的峡谷，匆匆忙忙走了五天。在横越高达一万三千八百英尺的克什贝尔山口（Kostl-bel pass）途中，我第一次看见横亘东西高峰在二万英尺以上的外阿拉山。我们升到流向疏勒的玛尔堪苏河（Markan-Su）河床，便越过没有标识的俄国边界。那一晚我们遇到了雪雹，温度降到零点以下。第二天是 7 月 26 日，到达克则勒隘口（Kizil-art），联结帕米尔方面以及费干那省（Fargand）沿妫水一带俄国驿站的军路即在这高达一万四千英尺左右的地方横过外阿拉山。

　　足足两年之后，我又来到此处，军路已经修好，并竖有里程标石，真令我不胜今昔之感。我们自从离开摩吉山上吉里吉斯人帐篷以后，一直到晚上向下达北边博尔多鄂博（Por-döbe）的小驿以前，没有碰到一个人。我在这里，找到一位和气的俄国关吏，他是高加索鄂塞特人（Ossete），正从疏勒通费干那大道上的伊尔克什坦木（Irkesth-tam）驿来到此地。从他那里得知治理帕米尔区军民事务的雅格罗大佐（Colonel D. Yagello）从他的驻扎处取近道到塔什干去，明天就要到此。因在博尔多鄂博小歇一日，打算一会这位名将，因遣一位善骑的吉里吉斯人从公提格马兹送一封信给他，通知他我就要来。

经验不久就显出雅格罗大佐替我在帕米尔和他所管辖的妫水上游护密（Wakhan）的识匿（Shughnan）和洛山（Roshan）地方安排的一切之完备与得力，即使在兴都库什山的印度方面，也想望不到。他在塔什干的陆军大学里添设东方语言一科，对于妫水区域的地理和人种极感兴趣，所以对于凡是能发现过去历史光明的考察，都热心帮助。我在比较短的时间以内，没有耗费一天的光阴，远过原来的计划，能够看到许多有趣的地方，这大部分是由于雅格罗大佐自愿的帮助和远虑。

我在第三次探险的开始，便想把路线延长，横越帕米尔以及附近俄属妫水流域各山区，其主要的理由是希望如此我对于中国和西亚最早交通往来的那条古道所有的当地的问题，或许可以作一番探讨。在东方各处所得的经验久已告诉我这些研究，以与历史地理有关的问题作根据为最好。我旅行经过了伟大的全阿拉山谷以后，尤其使我感觉这一种办法之特别满意。而在十四年前我从第一次探险归来的时候，只能从伊尔克什坦木到他尔狄克（Taldik）山口脚下的途中，看到山谷的头部而已。

从东到西，蜿蜒于帕米尔北部高耸的边缘，接下去就是称为红水河（Surkhāb）的肥沃的克则勒河谷，这是天然贯通的大阿拉山谷，古代从中国以及塔里木盆地来的丝商即沿这条山谷而下以达妫水中部，这个结论，无论就地形的事实、气候的情形，以及当地所流传的材料而言，都可以充分证明。关于这条大道，西元后第二世纪的大地理学家托勒美在他的书中曾将他的前辈，推罗的马利努斯（Marinus of Tyre）的一条重要而历经讨论的记载保留下来。这一条记录所载的是马其顿人也称为狄兴努斯（Titianus）的迈斯（Maës）商业代理人从现为巴尔克（Balkh）的大夏向即是中国的丝国去贩运丝绘的路程，方向和东来的正是相反。

这一条记载所述道路方向的详细情形，此处无须讨论。很久以前古代游记大考订家玉尔爵士（Sir Henry Yule）证明相传经此上升以达伊摩斯的科迈多伊（Komedoi）山谷非红水河河谷哈喇特厅（Karategin）莫属，到了中古阿拉伯地理学家还称此地为科迈得（Kumedh），于是这条古道之系往上从妫水以达阿拉山谷，也因而成立了。哈喇特厅和东支阿拉谷槽，在事实上是从妫水到塔里木盆地最容易的一条交通路线。然而地形方面阿拉山谷之特别适宜于为两者之间天然大道的情形，我从那里实地经历一次以后，才彻底了然。

阿拉山谷从俄国军路横过的地点起，一直下到达罗特库尔干（Daraut-kurghan）的吉里吉斯人村落，足有七十英里之多，山谷底部的宽度总有六英里到十一英里。向东约二十英里上到桃木伦山口（Taun murun），从疏勒方面进阿拉山谷的大路发轫于此，路是一样的宽广和容易。气候方面比南部的帕米尔来得潮湿，所以到处都有很好的牧草。因此阿拉山谷成为千千万万的吉里吉斯游牧人夏季的大牧场，每年夏季带着他们的牛羊驼马，从费干那平原移徙到此。1901年6月初，我从伊尔克什坦木到费干那的乌什（Osh）和安集延（Andijan），曾遇到他们照常的迁徙，驼队负着游牧家庭所有华丽的毡毯以及其他财产，络绎途中，真是如同画图一般。此刻因为夏季的温煦，他们的帐篷于是移到高一点的山谷地方去找嫩草，季末便须下降，以沿着山谷主要部分去放牧了。沿路上南边的大雪岭山脉，以及高近二万三千英尺的高夫曼峰（Mount Kaufmann），远远看去，无异画中。

在未到达罗特库尔干之前相距很远的地方，我在九十英尺左右的高处，找到一些古来垦殖和形制草率的石屋遗迹，这些石屋和下面冬季现在半游牧的吉里吉斯人所住的一样。同样，在疏勒方面伊尔克什坦木和上面高度大约相同的地方，也找到了垦殖的遗迹。所以古代的行人在这条大路上，除去阿拉山最高部分不到七十英里长的那一段以外，沿途一定可以得到给养和安身之所。阿拉山上从 12 月到次年 2 月虽然积雪很深，然在那时一定照常通行，这和现在高一万二千七百英尺的特勒克山口（Terek pass）之在此季，因为有充分的商货，从伊尔克什坦木到费干那，仍然通行的情形正是一样。

以前塔里木盆地和妫水中部经过哈喇特斤以及阿拉山所有的贸易，现在久已没有了。巴尔克和妫水南边"阿富汗突厥斯坦"的一些地方也久已没有看见从中国来的货物经过了。从妫水方面到哈喇特斤当地的一点点贸易，都是从达罗特库尔干以取道于费干那的马吉兰（Marghilan）或者安集延，至于自疏勒出口的货物则横过特勒克山口，借俄国铁道以转向这些地方。

我为着要安排运输和给养事宜，不得已曾在达罗特库尔干暂作停留，那是位于哈喇特斤山谷向着阿拉山展开的一个小地方。没有一俄国税关，以稽查布哈拉边疆。下去三英里左右为差得村（Chat），那里有一块很大的垦地，并且有一座废城，这大约是俄国并吞"突厥斯坦"以前大乱时候的遗迹。这地点最适宜于在路旁设一大驿站，托勒美书中所云古代记载中行人从大夏往上入哈喇特斤山谷所遇到的有名的"石塔"（Stone Tower），我们以为应即在此地附近。

而托勒美书中马利努斯记述塞迦游牧人（Nomadic Sakai）疆域东边到中国的商路，所云"伊摩斯山上商人向丝国去那一个驿站"之相当于现在的伊尔克什坦木，大约也是可能的。至今此地还是一个知名的地方，中俄双方在此没有税关，相距很近，从疏勒到费干那的商队往往在此受到无端的勒索。

我从达罗特库尔干向南横过穆克苏河（Muk-su）和妫水上游洛山河、识匿河（shughnan）分水岭的连绵高耸的大雪山。离开横越克则勒山口（Kizil-art）过喀喇库尔大湖的有名大道，这是唯一的路，我可以从此自北至南横过俄属帕米尔，察看作为西边屏障的那些大山。因为这个理由，我决定采取这一条路。但是事后证明，虽然因为雅格罗大佐的命令，得从遇到的少数吉里吉斯人帐篷中征集了一些特别耐苦的驮马，而这一条路还是极不容易行走。不过这是一片不大开发过的区域，有些地方仍是极不宜于测量，在那里所得到的丰富的地理学上的观察，以及美丽的风景，也就报酬我而有余了。

塔尼马兹河（Tanimaz）是发源于大帕米尔的穆尔格布（Murghab）的一条大支流，我们所取的路远至此处，经过一座作帕米尔西北屏障冰河漫顶的大山，吉里吉斯人隐约称此为塞尔塔格（Seltagh），或者穆兹塔格山（Muz-tagh），意即"冰山"。自达罗特库尔干出发的第一道山口是外阿拉山的塔沙噶尔（Tarsagar），过此以后，穆兹塔格山峻峭雄伟突立在湍急的穆克苏河河床之上，气象之庄伟，我在喜马拉雅、兴都库什以及昆仑山各处也少有看见。锯齿形的峰头似乎在二万一千英尺以上，而各个积雪皑皑的山峰，其高还远在此上。

一直到那时候，高耸于帕米尔西部以及从此流入妫水的那些河谷间大山的近似正确高度，还没有用气压表或测高仪测定过。而在俄国地面要打算做任何测量工作，即使最微细的也不允许，所以阿佛拉兹果尔和我自己至今还再三引以为恨。不过虽无此种测量，在我看来，穆兹塔格山主峰显然比高夫曼峰为高。后来我知道1929年由著名的地理学家和旅行家李克麦斯博士（Dr. R. Rickmers）领导的俄德探险队选定这一处大高山区域作系统探险的场所，并且测定穆兹塔格山高过高夫曼峰，不禁为之大慰。

经过穆兹塔格山主峰的直路，应该循着穆克苏河而上，然后再转到珠伦山（Zulum-art）和塔克塔科伦山（Takhta-Koram）经过的山谷，由此以逼近喀喇库尔大湖和塔尼马兹河所溉及的区域。不过从春天到深秋，巨大的锡尔河（Sel-dara）或因俄国探险家首先见此而得名的费成果（Fedchenko）冰河洪水泛滥，把这条路完全封闭了。所以我们迫不得已取道开英地（Kayindi）峡谷的头上，越过一座高达一万五千一百英尺左右的山口。而峡谷中有些地方被古代冰河堆石完全塞住，爬越之际极为麻烦。

离开开英地，地形像帕米尔而较平坦，从此下降过一高原，一大片地方向着锡尔河和流入锡尔河的渚河谷展开，呈露眼前。从此上升比较容易，道旁浓绿扑人，景物甚美，然后爬过高达一万五千英尺以上的塔克塔科伦山口。为着再向前进，必须换雇新的牲口和向导，我于是不能不向现在东边喀喇库尔大湖畔放牧的吉里吉斯人酋长（Ming-bashe）浩罕伯克（Köhan Beg）作一次接洽。所以在第二天，即8月8日，我们爬过克则勒伯尔（Kizilbel）山口，到达海拔近一万四千英尺的夏营地点，受到这位老人衷心的欢迎。他穿着王者的服饰，束一具大银带，看来甚是威严。十五年后听说浩罕伯克在塔格敦巴什帕米尔受到布尔什维克党人的虐待，所有的财产几乎荡然无存，他自己逃入中国地界，后即死于彼处，真令人叹惋不止。

我从这位酋长处才知道四年前一次大地震，把穆尔格布河谷塞成一座大湖。这座大湖包括了以前的萨勒兹帕米尔（Sarez Pamir）地方，据说我所打算爬过马尔詹奈（Marjanai）山口以达阿尔楚尔帕米尔（Alichur Pamir）的那条路，已经被这座新湖完全塞住。我不去管这些事，经过俄国的帕米尔斯基驿（Pamirski Station）回到那有名的大道，但是决定向下移到洛山河谷尽头处最后的苏纳布村（Saunab）。我希望在此地能有一个机会可以爬上穆尔格布，找出一条通过作新湖障壁的新路。浩罕伯克以为我们带着那样多的行李，是不能绕过的；后来我才知道吉里吉斯人对于一条实际上只有牲口可以行走，而他们也可以帮帮忙的路，是绝不愿意去走的。

在哈喇钦姆（Kara-chim）停留一日，于是利用余暇去向住在那里的吉里吉斯人作一次人类学的测量。他们是坚卓的"突厥"人部落中一个良好的标本，在冬季冰风之中，受过帕米尔气候的训练，愈其显得勇敢。然后我们由此再回到塔尼马兹河。当我们渡过河的右岸，在从穆兹塔格山主峰大冰河流下的主源转而向南处不远的地方，看见谷底已经完全被大石块塞住了。封锁穆尔格布河谷的那次山崩把沿着西边河谷的峭壁斜坡也崩塌了下来。这些石块到处堆积，比之以前垦殖的帕勒兹（Palez）平原高出二百英尺以上。在这里要前进两英里，也很困难，8月12日傍晚，我们到达巴索尔（Pasor）茂密的白杨树和柳林内塔吉克（Tajik）牧人所建稀疏的村庄，心上真是高兴极了。

第二天沿着河干悬崖以及峻峭的高地，到达塔尼马兹河和现在实际上已干涸的穆尔格布河床相会处。在上面吉里吉斯人称为石塔的塔什库尔干的风景佳丽的苏纳布村，我们找到一种操"伊朗"语的噶尔察山民（Ghalchas）住在这最高的世外桃源洛山山地里面。他们体格高壮雄伟，有许多和欧洲人十分相像。美丽的头发，蓝或钢灰色的眼睛，以及浓髯，一眼看去就知道和游牧的吉里吉斯邻人不同。这些洛山山民，居住于沿护密和南边识匿山谷一带，代表极纯粹的阿尔卑斯种型（Homo Alpinus），同欧洲有些地方所看见的一样。所以在我一天的停留中，有很广大的工作，收集人类学测量记录，考察此处因为和外界隔绝所留存的习俗、房屋建筑、简单的装饰木雕品之类的情形。还有一点高兴的就是离开疏勒乡间之后，在此处才第一次又看到阡陌井然的麦田和果树林。

我们在这里雇到一队驮东西的背夫，这是我们前进所不可少的。要到南帕米尔去，我们所有唯一的路就是爬上吉里吉斯人叫上游作巴尔塘（Bartang）的穆尔格布河所横过的那条峡江。但是由于1911年2月大地震的结果，这些窄峡江的道路弄得异常难行。有许多地方崩塌下来的大石块把河道全给塞断，旧日沿河或河旁山上所有的道路都毁坏了。以前和阿布依般阁河（Ab-i-Pan-ja）水量相等并且曾当作妫水主源的大河，已经全然断流。于是山中到处点缀着颜色极其美丽的很深的小湖，代替了河流来帮助我们解决困难。有些地方山坡上土块如泥一般还在移动，简直无从沾足。

第二站我们爬上一座峭壁，峭壁北边有从河谷对面因山崩而带来的一些大石头，四散错置，成一高障。下去的时候我看见一座峡湖，这就是封闭了巴尔塘河（Bartang）的那座大障壁同时也塞住了西都（Shedau）河谷口，因成此湖。这里的石块堆积极为凌乱。好容易爬过去，我们于是过西都湖北头沿着大障壁的脚下前进。

最后到达为西都河谷和以前的萨勒兹帕米尔分界的峻岭。爬上这座峻岭对着东南，于是大山崩的景象便全然显露了。从北边山系中崩下了一整座山，于是把以前是吉里吉斯人最好的牧场的萨勒兹帕米尔变成了一座美丽的高山湖（Alpinelake）；据俄国的一个记载，此湖长度在1913年已达十七英里以上，此后还逐渐弥漫全谷。大块的石头和碎屑被猛裂的山崩推送到沿西都河谷谷口的峻岭之上。这一次成功的大堤，就在大山崩四年之后，高出新湖之上还有一千二百英尺。大障壁上面的山坡有些地方还在移动，从那里崩塌下来的石块烟尘漫天，在照片中都可以看得出来。

在上面峻岭的脚下我看到由普勒阿布拉青斯基教授（Professor J. Preobrazhenski）领导的一小队俄国探险队正从阿尔楚尔帕米尔来此，测量这座大障壁。俄国科学家由湖的南岸乘皮筏渡湖，他们爬过兰伽尔（Langar）山口以到湖滨，我也一样地想试一试。他们款接我甚为和气，但是他们相信我打算沿着湖滨峭壁走的那条路，实际上会是不可行的。虽然如此，不过坚决的洛山头目和我们都准备去试一试；峻岭高达一万三千二百英尺，帐篷即扎在一所小泉水附近。

第二天早晨我们从陡峻处下去到泉水耀眼的叶尔克（Yerkh）内湖边上，我于是知道沿着峻峭的石坡以及危险的石块再向前走的困难；这些石坡都是因地震而崩塌下来的，而有些石块那时还在移动。所幸我们的洛山山民都是绝顶的爬山好手，生长在山岳之地，凡是不能通过的峭壁，他们用木片石块建筑栈道，极为熟练。走过那一段凶险的峻坡足足花了五小时的工夫，其实直径还不到一英里。

到达内湖的尽头处，爬上河谷走了好几英里，于是看见一片平地，地震以后，才有几家洛山人在此从事耕种。此地距湖面有五百英尺高，然而湖水继续增高，还有被淹的危险。在这快乐的地点很高兴地休息一天之后，我们转向南边的河谷上移，将近兰伽尔山口的时候，幸而会到帕米尔斯基驿丞派来帮我们的吉里吉斯运输队。所以到 8 月 20 日，几乎全是平岩层堆积，以前没有测量过，而高达一万五千四百英尺左右的兰伽尔山口便安然渡过了。到第二天我们行抵大伊西洱库尔（Yeshil-köl）湖西头，从自识匿山主要山谷尽头分隔广阔无际的阿尔楚尔帕米尔的布罗曼山（Buruman）上远望此湖，全入眼底。到了这里，我们又走到横越世界屋脊的古代大路上来了。

第二十章
沿妫水上游纪行

  从宽广多草的阿尔楚尔帕米尔槽谷向上走了两站，是为巴什公巴兹阿格齐（Bosh-gumbazi-aghzi），吉里吉斯人夏季在这一方帕米尔放牧，以此为主要地点。然后在此休息一日，做人类学测量工作和得到新的给养，于是向南横越中分阿尔楚尔和大帕米尔的高峻的连山。

我们自从离开阿拉山，经过所有的山道和峡谷以后，虽然过的还是高地，我们上行已觉容易。而在爬上宽广的阿尔楚尔帕米尔槽谷的两天行程之中，很容易使人感到古来要从塔里木盆地方面直达识匿山地，自然以这一片从东到西宽达六十英里以上的平地为最便当。那些中国旅行家和军队要经过帕米尔以向识匿和妫水中部之须使用这一条路线，除有历史记载流传至今外，我们还有直接的证据。

在本书第三章中我已说到唐代高仙芝于天宝六年（西元747年）引有名的远征军横越达科科冰坂，过帕米尔以驱逐来自妫水流域的大食军①。他第一次带他的主力军取此道而下以达识匿。其之所以如此，明明为的是在此可以从拔达克山方面得到给养。四年之后，又有一位中国旅行家悟空取此道以向印度的西北部。他是一位僧人，在那里住了三十多年。在他回国的途程中，又取道识匿，经过千辛万苦，方到疏勒，那时中国势力最后崩溃，通过塔里木盆地的路全封锁了。

此后大约有九百年左右，中国的势力又及于"东突厥斯坦"一带，疏勒最后的和卓（Khoja）及其臣属逃至识匿和拔达克山，清兵尾追，即于阿尔楚尔帕米尔败其余众，大肆屠杀。苏木塔什（Sümetash）之胜是在乾隆二十九年（1764年），光绪十八年（1892年）在伊西洱库尔的东头又有一次血战，这在中国人以及当时的阿富汗人都没有注意到把守通识匿的要道，和沿湖北岸一样，这是最适当的地方。

我们花了一天工夫才爬到沿着曲折湾环的湖边苏木塔什峭壁顶上，那里有一座小庙，以前庙内曾有一块纪念乾隆二十九年战胜的汉文石碑。

---

①原作西藏人，今正。——译者

1892年6月22日，被约诺夫大佐（Colonel Yonoff）部下的哥萨克兵把附近一个卡子中最后的阿富汗守兵扫荡之后，遂将汉文碑移到塔什干博物馆。但是白石的碑座依然犹在，两千年来中国的威力屡屡及于伊摩斯山外，今抚遗物，如在目前！

从宽广多草的阿尔楚尔帕米尔槽谷向上走了两站，是为巴什公巴兹阿格齐（Bosh-gumbazi-aghzi），吉里吉斯人夏季在这一方帕米尔放牧，以此为主要地点。然后在此休息一日，做人类学测量工作和得到新的给养，于是向南横越中分阿尔楚尔和大帕米尔的高峻的连山。8月26日，我们越过巴什公巴兹山口，那里虽然高达一万六千三百英尺左右，却没有雪。再由此下降以向波光潋滟的维多利亚湖（L. Victoria or Zor-köl），妫水的大帕米尔一源即出于此，俄国和阿富汗在帕米尔的边界也在此相会，一片湖光风景甚佳，横过去便是界断大帕米尔和护密最上游部分的带着冰河的大山。

我从小的时候就渴想一看真正的"大"帕米尔和那地方美丽的湖；这湖在近代是1838年伍德队长（Captain John Wood）首先发现的，他还有一篇画一般的记述。后来关于帕米尔区域地形的知识较为详细，这种希望为之大增，并且确信古代那些大旅行家如玄奘、马可·波罗之流的行纪，同经过此湖的大路多少有点关联。

8月27日那一天阳光照耀，在湖滨休息，冰风从将近一万四千英尺高处的湖岸吹了过来，虽是空宇澄明，旭日当空，仍然异常寒冷，不过却很爽快。早晨寒暑表的温度最低到华氏表冰点下十二度。四围岑寂，没有丝毫古往今来的人类活动痕迹扰乱这种平静，很易使人忘去岁月，此时古代大旅行家百折不挠的精神似乎如在目前。

我向深蓝色的湖水远望过去，到了东边，湖水似乎隐没到地平线下去了。我想这实在值得和古代相传亚洲四大河发源一中央大湖的旧话相比拟。玄奘的记述中反映了这种信念，而又很奇怪地掺杂一些当地实际观察所得的正确记录。清冷皎洁以及暗蓝色的湖色，正和他所述的一样。吉里吉斯人告诉我们的湖滨春秋之际，常有水鸟游泳其间，孵卵湖滨薄芦苇中为数甚多，也和这位大旅行家的记述相合。古代旅行家到此，看了这一大片水面，地点又是这样高，远离居人，因此如玄奘所云在无底深水中"龙王潜宅"的话，此种想象也是不足为奇的。

马可·波罗对于 Pamier 的记载同样明白地指出他的路线也曾经过这一座大湖。他那像画一般的叙述，连小地方也很正确，我禁不住要引示他的一段全文。他说："当你离开这一个小国（即护密）向东北骑行三日，常在群山之中，你于是到了一处高峰，据说这是世界上最高的地方！你到了这处高峰，你就看见两山之间有一座大湖，从这湖里流出一条美丽的河，流向下面经过一块平原，上面有世界上最好的牧场；即是瘦小的牲口到此，十天之内就可肥得使你心满意足了。那里有无数的野兽；其中有很大的野羊，光是角就有六手（palm）长。牧羊人把这些角锯成碗用，有时用来夜间作栏圈牛。马可先生听人说此地狼很多，搏杀不少的野羊。因此看到的羊骨羊角甚多，路旁积成大堆，下雪时即作为旅客的指导。"

"这一片平原就叫做 Pamier（帕米尔），你骑马过此，一共得花十二天，什么都看不见，只是一片沙漠，没有人烟也没有青草，所以旅客必须把一切需要的东西全行携带齐备。此地甚为高寒，甚至于你看不到任何飞鸟。……"

自从伍德队长证实了这些小事之后，用玉尔爵士的话，承认马可的记述，是这位威尼斯名人"在近代探险中最光耀的先驱"的一端。所以现在只须稍稍附说几句。此处是"世界上最高的地方"一语，也很奇怪地感动了我。至于牧场之美，有每年从护密方面到大帕米尔去的大队羊群可以证实报告中的话。在我经过的时候，羊群正在北边山谷中吃草。马可所称的野羊，后来即名之为波罗羊（Ovis Poli），现在湖上高峰仍为其任意出没之所。我们在巴什公巴兹山口相近处遇到一大群，下面小草原上有无数的羊角羊骨，这都是狼吻中的牺牲，山上冬雪之后，被推下来的。我们在那里休息的时候，阿佛拉兹果尔汗在湖旁一座山谷里用枪很快地打中一头，送给我作一个纪念。附近以出产熊豹出名。

我在维多利亚湖畔的休息，在考古方面又证明了中国史书记载之正确。《唐书》叙述天宝六年（西元747年）高仙芝的远征军横过帕米尔，说他分军为东西北三道，约好会于妫水最上游处相当于现在的萨哈得（Sarhad）①地方。东道和西道显然是在妫水主流阿布依般阁河沿岸。北道一定是经过大帕米尔方面，而我在图籍上都找不到说明。现在我询问队里两位游踪很广的吉里吉斯人，才举出确实的证据，说是有一条古道，横越大帕米尔湖南边的高山以达萨哈得，至今护密的塔吉克牧人还是常走。我用望远镜还能看出这条路所经称为索尔吉尔查（Shor-jilja）山谷的一端。但是可惜这座山谷位于英俄划界委员会（Anglo-Russian Boundary Commission）所确定的阿富汗界那一面，因此不能到那边去一考此说。

沿着为俄国和阿富汗界线的妫水大帕米尔支流右岸走了三站，抵护密境内的第一个乡村，同马可·波罗的路径所算正合。靠近帕米尔河和阿布依般阁河相汇处的兰伽尔开什特（Langar-Kisht），我受到了保护俄属护密上游部分的一座小驿驿丞很和蔼的欢迎。我还没有行抵此地以前，远远地看到群峰簇拥积雪皑皑的兴都库什山峰，便眼目为之一明。此山的分水岭就是印度的边界。

此山在护密境内，于阿布依般阁河左岸只有一狭窄的阿富汗领土把俄国地方隔开，看来是很近了，不过我之看见此山如同回到故乡者，还另有其他原因在内。当阿布依般阁河俄属方面护密人酋长萨布兰汗（Sarbuland Khan）到路上来欢迎我时，我才看出那是他的儿子。他住在阿什库曼（Ashkumann）山谷，受吉尔吉特（Gilgit）英国政治统监（British Political Agent）的管辖，两年前带人帮助我渡过困难的齐林吉（Chillinji）山口以入洪查（Hunza）的就是他。

我自己到了护密真是大为满意。这一座广阔的妫水主流河谷僻处边荒，

---

① 《唐书·高仙芝传》谓约会于连云堡。——译者

气候不好，现在人口和出产都稀少，但其之所以重要，乃是由于自古以来，从古代肥沃的大夏区域到沿塔里木盆地边上的那些沙漠田，以及由那里再往中国，都以此地为直接的一条路。1906年5月，我只能从萨哈得循着河流的最上游以到瓦克吉尔（Wakhjir）冰河此河发源的地方。河两岸通护密本部的路都挡住了。到现在我居然能于气候比较宜人的时季，在这大山谷中从容游历。

护密地方虽然高度在海拔八千英尺到一万英尺，现在也到了9月上旬，但是离开荒凉的帕米尔以后，到这里又看见满目的青绿了。更其侥幸的是护密地方一年中大部分多酷寒的东风，游历时最为苦恼，我这次居然避掉了。灌溉得很好的台地上大麦小麦正已成熟，树林荫蔽的转弯处那些小果圃的果子也不错。就是谷底的田地，近河处不免石块历落其中，沿河岸者也间有一段一段的沙地，但是向南望去那一片茂密的林木，也足可以使人赏心悦目。高耸于旁边窄狭的山谷之上，看来似乎很近的，是高达二万二千英尺以上的兴都库什山主脉那些雄壮伟大的积雪高峰。这些高峰看来正如古代中国西行求法人宋云经此往印度时所说，有如玉峰一般。

那里有很好的机会做人类学的工作，从事于护密人的测量和观察。这是一个很古的人种，不仅保存了"东伊朗"语，并且还有很显著的阿尔卑斯种型（Homo Alpinus）。1602年耶稣会教士鄂本笃（Benedict Goës）经护密往寻"契丹"时，在此地看见护密人的秀发美目，就曾大为倾倒，他的日记上记载以为和佛来铭人（Flemings）相像。

但是最引起我的注意的乃是俯视山谷的山峰上古代堡垒的残迹，其中有一些面积很大，也有一部分保存得很好的。就堡垒的形式建筑以及雉堞的装饰等设计看来，颇富于考古学的意味。很巧妙地利用不可渡越的石壁悬崖作为天然屏障。我虽然没有在此作过发掘，获得直接的考古学上的证据，但是我相信有些堡垒大概为萨珊王朝或者时代更早一点的遗物；至于详细的情形，以及我所说的理由，此处不能详述。本地都以此为卡非人（Kafirs）即异教徒所建。由这种传说中还可以表出那些堡垒的时期是在伊斯兰教传人以前。

至于这些堡垒工程之浩大，举一例可以说明。其中有一个名为查穆尔伊阿提什帕拉斯特（Zornr-i-atish-parast），意即拜火教人之堡，所有连绵起伏的城墙以及无数的雉堞碉楼，都是用粗石块或大土砖从一千英尺以上的陡壁斜坡堆砌而上，周围在三英里以外。就规模和建筑的坚固看来，最初也许是在危急的时候用来临时避难的，但是由此可以明白看出当堡垒修造的时候，护密的人口和财力一定远胜于现在。据我所得到的统计，俄属护密方面约有二百户人家；此数普通都大一点，但是河那面的总人口似乎不能超过三千人。此地之所以需要这种避难的地方，乃是由于护密山谷开阔，又位于交通大道之上，一定常受人侵略，就近代历史上看，特别是从西方来的为多。

护密地方气候干燥，所以堡垒遗址保存甚佳。至于此地居民多致寿考，其故何在，我不知道。显明的例是我在护密曾见一位回教伊司马仪派（Ismailias）教长（Pir）正到那里为一害病的教徒行信仰治疗。这位老人自谓年在百岁以上，看来也像。我奇怪的是他能举出正确的事实，证明1838年冬季伍德队长在到帕米尔去的路上时，他曾在他的屋里接待过伍德。他对于巴答黑商穆拉德苏丹（Sultan Murad）的暴虐也记得很清楚，伍德的游记中也常常提到这位苏丹在该地的虐政的。

从山谷下去于是到了小小的伊什克兴（Ishkastlm）地方，以一连串的岩谷和护密分开，在玄奘和马可·波罗的书中都以此为一有名的部落。在这里我有机会去测量美丽的那马得果特（Nama-dgut）村附近称为克克堡（Castle of Qàgà）的遗址中一座伟大的古垒残迹。用土砖造的雄伟的城墙，有时厚至三十英尺，雄踞于相距很近的两座山头，高耸在任何季节都难飞渡的深峻的河上。这些堡垒包围的那座孤独的石峰，其长几达一英里，西头的上面还建有一座城池。由堡垒的规模也可以看出那时的人口和财富远比现在为盛。

然后再走一天到俄国的小诺特（Nut）驿，正对着阿富汗方面的伊什克兴本部，从妫水方面到多拉（Dorah）去此地甚为重要，是进齐特拉尔（Chitral）最容易的一条路。驿丞土曼诺维赤队长（Captain Tumanovich）很和气地款接我。很快活的是他会说波斯话和突厥话，这种方言的知识在当时的"俄国突厥斯坦"省官吏中是很难得的。我只知道很少的几句俄国话，这样一来我们接谈可容易多了。此外我还得称赞土曼诺维赤太太治理家务的本事，要是在其他的俄国驿站里，为着茶烟，花上很多的时候，往往从夜里要闹到天亮，在这里却不至如此。此地两天的休息使我有很好的机会去记录伊什克兴人的语言，这是妫水上游僻远的山民所保存的一种"东伊朗"语，以前还没有记录过的。我的记录后来由我的老朋友语言学大权威者格里尔松爵士（Sir George Grierson, O. M.）印行了。

妫水到诺特地方转了一个大湾向北，我从此地沿河而下，经过称为伽兰（Gharan）的很窄狭的山谷。最近因为俄国的命令，才筑了一条马路，以前是无论从北或从南都很难走的。伽兰地方稀少的人口那时附属于拔达克山，自西边高原下去经过两旁的山谷，便可到那肥沃的地段。这可以说明马可·波罗记述到拔达克山时，为什么要提到"那些美丽宝贵的红宝石（Balas Bubies）"，这其实是伽兰的出产。在西斯特（Sist）小村落上面，我曾经经过他们打算悂强开采作为拔达克山阿迷（Mirs）独有的那些矿坑。

经过伽兰的那几站，常是在沿着峭壁高低不平的窄狭石路上走，真是有点累人。所以在9月12日我到了那大河和识匿河相合以流入妫水的那座广阔的山谷口子上，实在欢喜极了。离合流处上面不远，我到了古鲁克（Khoruk），这是俄属帕米尔区行政长官驻节之所。古鲁克是一个动人的地方，建于胡桃林和其他果树之中，这些果树曾在海拔六千英尺左右的高处，还能长得很高。雅格罗大佐已巡视塔什干归来，很和气地接待我，帮助我，使我在那里休息两天，我很快乐很受益。这一位渊博的官吏对我旅行中所得古物等表示的好意，使我能把行程延长到识匿去，这是出乎原来的意料的。因为有他的得力的帮忙，我后来经过北方那时还在布哈拉阿迷治下的山地，大为方便。

在古鲁克，俄国文化的力量已在各方面表露出来了，在那小军区里有电灯，并有学生很多的一所俄国学校。我在那里小住，得以收集一些关于识匿过去的报告，以及现在人口的情形。中国《唐书》和其他僧人的记载都说识匿人（即 Shugnan）人性凶猛。玄奘自己并未到过此国，他路过达摩悉铁帝国（Wakhan）的时候，听说此国人"忍于杀戮，务于盗窃"。识匿人至今在南边和西边温和的邻人之中，犹以勇敢凶猛出名，和这种记载正是相合。识匿人的劫掠在护密人中至今还是言之色变。而中国方面妫水源头处的色勒库尔（Serikol），现在为一种人所占据，他们所说的话同识匿人的话相差很微，更可以为识匿征服的传说做证明。

自从阿富汗和俄国先后统治了妫水上游以后，劫掠侵寇的事已成过去了。但是在这些窄狭的山谷中耕地稀少，又缺少适当的牧场，所以迁徙的本能以及经商的精神如今还是很显著。因此我看见这些好山民为故乡的贫穷所驱使，每年有许多人到费干那去暂时做农庄工作。另外有许多则在喀布尔（Kabul）、撒马尔干以及北方各处去做仆役。很有趣的是常常可以看到这些旅客穿着敝旧的开襟长袍或者奇怪的军装，这显然是取道喀布尔向白沙瓦的市场去找他们的出路的。

从古鲁克向上，经过识匿两大山谷中南边的沙伽达啦（Sha-kh-dara），行近山谷头上和阿尔楚尔帕米尔交通的高原地带。在我经过的许多地方当峡谷中特别峻险处都有作保护用的堡寨（Chiusas）遗迹，这都可以见出古代此等地方之常多乱事。有些遗址的伟大建筑，似乎显然可为相传建于回教时期以前的证明。我们取道多查卡达啦（Dozakh-dara）横过拱得（Ghund）山谷，山谷略为宽广，而情形却是一样。这大约也和阿尔卑斯山中所常见的 Höllenthal 一样，有一块古代冰河堆石横塞谷头达好几英里，而上面的石块斜坡，殊为讨厌，因而得名。

帕米尔斯基驿和阿尔楚尔帕米尔以及古鲁克的俄国大车路在拱得相会，

我从此处下去，对于这座大山谷的中部得到一些印象，正在一个月前，我于伊西洱库尔的出口处上面曾远远看到此谷的山头。我向此地的老人探听到一些当地的传说，如断断续续的中国统治，以及识匿在最后的本地酋长统治时所受的虐政之类。这些酋长实行贩卖妇孺为奴以增加他们的收入，据说因此人民纷纷向北方诸汗国迁徙。我在路上经过好几处风景很好的乡村，而半已荒废，其故即由于此。

后来归阿富汗统治，接着布哈拉又曾入主若干时候，几乎是一样的暴虐，在俄国的军事警察（military poliaicals，这是印度的名词）直接统治之下，虽然大大地改良，然而为时不久，当我经过的时候，疮痍还未尽平复。但是不久之后曾有俄国革命以及苏维埃的兴起，使妫水区域高山上这些世外桃源重受一番新的扰乱和痛苦，这真是一个人所不能预料得到的了。

第二十一章
从洛山到撒马尔干

要到毗连识匿北边的洛山山地去,容易走的路是下拱得山谷以至古鲁克下面的妫水,然后由对面喀拉巴般查(Kala-Bar-Pan-ja)的那一方,沿那河水右岸俄国新修的马路下到喀拉伊瓦马(Ka-la-i-Wamar),这是洛山的要地。

要到毗连识匿北边的洛山山地去，容易走的路是下拱得山谷以至古鲁克下面的妫水，然后由对面喀拉巴般查的那一方，沿那河水右岸俄国新修的马路下到喀拉伊瓦马，这是洛山的要地。但是我急于想看划分识匿、洛山以及一个多月以前我在苏纳布第一次踏到的巴尔塘河灌域那条大雪山。所以我采取了从西坦（Shitam）小村上面过岭的那条山路以向洛山。我们的行李甚轻，但是在海拔一万二千六百英尺以上的地点，驮马也证明负载不起了。

第二天于是换用背夫上去，在爬陡峻的石坡之前，必得要经过一道裂缝很多的冰河，这样走了六英里，才到达巉岩狭窄的山口，其时高度已在一万六千一百英尺左右。到了这里一片伟大的景象展开在眼前，我们虽是爬得筋疲力尽，也足以补偿了。向着西边和西北边蔓延开去，漫过美丽的冰河头上，于是降下结合成一大冰川，远远地落到罗麦得（Raumedh）河谷之中。向西面爬过凶恶的形同锯齿的诸山峰，远远地可以看到拔达克山方面积雪皑皑的群山。这一个区域，从小的时候就引起我的遐想，但是造化弄人，直到那时还是深闭固拒不让我去！

爬下比较容易走的冰河雪粒河床，然后沿着冰河灰色的冰墙，走了七英里左右，达到冰河的末端，行近可以支搭帐篷的地方。感谢雅格罗大佐的照料，我们在这里得到他派来的一群腿臂坚实的洛山人，等着接替我们队伍里从识匿来的筋疲力尽的背夫。于是再有一天的路程经一连串古老的堆石台地，下到罗麦得河谷，然后通过窄狭的峡谷，我们便能走入凯兹亥兹（Khaizhez）小村附近巴尔塘河谷的中间了。

下到喀拉伊瓦马的这两天路程，足足使我感到巴尔塘河经过以入妫水的那些巉岩峭壁的峡江，对于行旅是困难到了极点。我现在对于从帕米尔迤逦而下的所有的山谷何以洛山为最少有人去的一个，何以那里的人种以及习俗大部分还能保存古代的遗风的缘故，才算是明白了。

所走的路沿途都要经过窄狭陡峻的峡江，两旁山峰高耸有若锯齿，而山麓又极为峻削。在横过凯兹亥兹，坐羊皮筏到河的右岸以后，接着就是绵延不断的石壁，只有手足并用，忽上忽下，而路径极窄，有时阔仅数英寸，才可容足。我觉得那里并无急滩，我们中间一小部分人无妨乘坐羊皮筏子，避去若干最险的窄径。皮筏由熟悉游泳的人在后面指导，我们于是在波涛滚滚的河中容与而下。河两岸的景物荒野之至，当我们的皮筏疾驶过去之时，两岸高峻的石壁之上，只见形如锯齿面貌狰狞的雪峰排闼而来，罗列四围，俨如巨灵的手掌要把我们攫去。其时行李则由手脚稳重的洛山人负着由峭壁上安然走过；我们从河中看去，这些人在石壁上好像大蜘蛛一般。

小村落点缀在谷口各处，半隐半现于果树林中，景物甚为可爱，和千篇一律的可厌可怕的峡谷正成一个对比。在我们止息地方的那些人家，从外面看去，真是一些石头建的小屋。但是内部虽然烟熏黑污，还能看出那些布置，尚属安适而且有趣，这显然是自古以来相传如此的。所以起居室内地样（ground plan）通光的天窗和起坐用的土炕，其布置和在塔克拉玛干古代遗址中所掘出的房屋以及兴都库什山谷迤南现在的人所居的房屋内部建筑，异常相像。亚洲这一只小角上，因为高山峻岭不与世通，竟似没有受过时代变迁的影响一般。我想即使西元前最后几世纪大夏的希腊人或者贵霜王朝的游历家到此，所见的大约也不会有什么大不同处吧。

我在路上所会到的，以及后来我在喀拉伊瓦马举行人类学测量所考察的那些人的体格方面，也使我有同样的感觉。他们手脚都很干净，在那种困难的道路上，没有牛马之类可以负载他们，常常走动，所以训练得甚为坚实耐劳。容貌都很秀丽，常有几近于希腊罗马式的端正，淡淡的眼睛，秀丽的头发。在我所经过的妫水区域各山谷操伊朗语的山民中，我认为洛山人所保持的阿尔卑斯种型要算最纯粹的了。后来我的朋友不列颠博物馆人类学部主任觉斯先生（Mr. T. C. Joyce）曾把我所收集的测量和观察记录，仔细分析过，也证明我的印象没有错。

在到达巴尔塘河和妫水相汇处之前，还须经过更险的峡江，在那里要用脆弱的木梯子几乎成垂直形地攀缘上去。然后到一开阔的地方，从此以达洛山的要地喀拉伊瓦马。在这里很快活地休息一天，于识匿酋长用以统治属地的废堡附近一果园中做人类学测量的工作。我又得到一些有趣的古旧的木雕品，这原来是从酋长的屋里移来的，打算加以修改，遂和木料弃置一旁。从这些木雕品的图案很容易地可以看出其中有图案化铁线莲花式一类的装饰母题，这一类花纹，我在犍陀罗的希腊式佛教美术品以及尼雅楼兰遗址中发现的木雕品中看得很熟的了。

这座房子内部作为冬季全家起居的一室有奇特细致的安排，可以作为标准的说明。顶住天花板的每一根木柱都有一个特别的名称，为木柱分开备坐用的土炕的各部分也有其特别的用途。很有趣的是正在天花板下面有一高起的壁龛，作为小儿睡卧之用，下面耳房内即是牛栏，如此做成一种暖气的设备。

据说洛山妇女以好看著名，特别是姿态甚美。我在路旁曾得一个机会证实此说，我同乡村的长老站在离他家不远的路旁，他家中三代人从面前走过去，妻子和母亲的面貌之美和欧洲的贵夫人一样，而两个小女孩尤其美艳。为着照本地风俗，使大一点的女孩更加引人注意起见，她的祖母那时正忙着用一种野樱桃涂她的玫瑰色双颊，打算把皮肤弄白。

到9月27日我离开喀拉伊瓦马取道向哈喇特斤，路上要经过最东边的山谷和大山，那些地方在1877年以前还是达瓦兹（Darwaz）的首邑，此后才归布哈拉阿迷统辖。其时季节已近，我们要过去的高山口会为雪所封，所以我不能不急行前去。关于布哈拉这一处高原地方大部分的情形，李克麦斯博士所著 *Doab of Turkistan* 一书叙述很详，不懂俄文的人也可以看，我对于此地因此从略。

在洛山和毗连洛山北部雅兹古兰（Yazgulam）山谷之间的交通，以前因为沿着妫水有险峻的峡江，实际上是不能往来。近来俄国沿着石壁建筑了一条马路，于是情形改变了。但是我还是愿意取古来的一条路，过阿都得（Adude）山口横越中分洛山和雅兹古兰的那座大山。在分水界上层冰峻峭的山口高度达一万四千五百英尺左右。从此下去蜿蜒曲折，横过一条裂痕很多的冰河，于是过一连串的古代冰河堆石，然后到一座狭窄的山谷，谷底是一些桦木和杜松林。我们还未到马杜伦（Matraun）村之前，在此天已黑了。

在那里欢迎我们的布哈拉官吏第二天早晨告诉我们一个好消息，说是雅格罗大佐派来帮助我们的人已在达瓦兹方面等候。但是他们华丽的绸袍和浅黑色的面孔也使我觉到妫水上游高山区不久就要抛到后面去了。雅兹古兰的人口约有一百九十家，在达瓦兹和洛山酋长之间，享受了很长久的占据无人地的便宜。一有机会便向两边的邻人劫掠，无所分别。虽然他们的语言同识匿人很相近，但是同达瓦兹往来得较多，这从他们的体格方面，以及像以北噶尔察（Ghakhas）山民被人称为逊尼派（Sunnis）回教徒的事实，可以看得出来的。自然，若是布哈拉统治识匿以及以南各山谷的暴政延长下去，他们虽然属于外道的伊司马仪派，有名闻巴黎、伦敦的半神性的阿加汗（Agha Khan）作首领，仍会改信这一种回教中的正统派的。

急忙通过雅兹古兰下去以后，沿着妫水河岸的新马路很高兴地到了王吉（Wanj）大山谷口上。这一条路几乎是炸破那些垂直的石壁而成，有些地方还是冒险用狭窄的栈道通过，我于是恍然明白为什么这些幽暗的峡江路，以前就是本地山民也视为畏途，至于载货车辆更是绝不能行了。此路开通以后，王吉山谷广阔的性质丰富的种植起了很好的变化。10月1日上山谷是很长而又容易的一站，证明那里的气候比较潮湿。山麓下面看到不用灌溉的梯田，上面则是葱郁的树林。环绕着村庄的大果园以及田亩之间成行列的树木，谷底简直像公园一般。

风景变易之外，人民的形貌生活也随着不同。他们也像布哈拉山地的塔吉克人一样，操的是波斯语。他们的古代"东伊朗"语虽然已经废弃不用，可是就古代窣利而言，他们所代表的土著伊朗民族，仍然比平原地方的萨尔特人来得纯粹。白色粉刷平顶的大屋，也可以见出气候和生活方面情形的改变。

那一天山顶上浓云密布，我以前从阿拉山向南的路上所见对面位于锡尔河和塔尼马兹河之间积雪的大山峰现在也隐藏不见了。第二天山上大雨夹着新雪，我只好在西塔格（Sitargh）村停住。我们就要爬过因西塔格村而得名的山口，进到称为瓦吉亚巴拉（Wakhia-bala）大山地的头一处地方金加布（Khingab）去。当地头人明白在这种情形之下过山口的危险，但是他们却机警极了，接了我所写的声明书，说明若有任何失误，他们不负责任。幸而在黎明以前很早天已清明，容许我们出发过界。

上去的路很陡，但是起初一段却甚容易，斜坡上长满了高山植物。然后爬过一座雪盖了的大冰河堆石，经一陡峻的冰河，从出发后走了七小时，才爬到那座窄岭所成高在一万四千六百英尺左右的山口。从山口望去只看见下去时所要经过的那座大冰河头。但是我们在曲折弯曲的裂缝中走了一英里半路，打算爬到冰河的时候，一片伟大的景象从大冰川以及自山南来会的大冰河上面展布开来。离开山口总走了十英里左右，爬过一些极为危险尖头高达一百五十英尺的射出冰河堆石，才达到会合了的冰川。从此下去三英里，我们很高兴地找到一小块有草的高原，即在那里支搭帐篷过夜。

10月4日走了很容易的一站到帕什姆伽尔（Pashmghar），这是金加布最高的一个乡村。经过所见第一次的种植是在大约九千五百英尺的高处，荒废了的田亩痕迹已高达三英里半以上。我本来知道我们渡过的大伽摩河（Garmo）发源于大穆兹塔格主峰西面顶上的那些冰河。8月间我从北走近主峰时颇为所动，但是此刻却没有时间靠近去观看一番。我急急忙忙地打算两程工夫便下到瓦吉亚巴拉的主要山谷中，以好于下雪以前赶到哈喇特斤，庶几不至于把我最后所要过的一道高山口给雪封住。

我们赶路的时候，不断地经过一些风景很好掩荫于果园丛林中的乡村。

但是布哈拉政治不良，这种影响，从有许多好地还没开垦和其他的标识方面表现得太明白了。来迎接我的那些头人，即使是很小地方的，都穿着华丽的绸袍，普通都间以彩虹的颜色，这当然是富庶的表示。后来不久我才知道这些命服（Khillats）之阔绰，乃是发源于阿迷官廷一种相传的敛钱法。酋长所宠爱的人或者薪俸已过度了的别的官吏，就命他们由布哈拉带着这些荣耀的衣服分派到各省省长，作为酋长特别满意的一种恩赐。奉阿迷之命带这些东西来的人，照例由受者给予很多的银钱作为报酬。于是省长又把这些赐物交给无俸的臣子代他去赏给属下的头人（Amlakdars），如此照样轮下去，到了最后所有这种表示大恩惠的东西都敲到了地方头人，由地方头人以转到农民身上。财政上予以统制，裁判是非完全是中古式，所以俄国革命以后，布哈拉的统治消灭，而阿迷的居民却漠不关心并不足怪。不过苏维埃的执政官"解放"以后，还有更坏的不幸在等着他们，他们却不大能够料想得到了。

10月6日因为大雨，不得已在瓦吉亚巴拉阿姆拉卡达（Amalakdar）残破的省城附近拉吉卡（Lajirkh）停留一天。所幸天气又已转晴，于是不顾山上仍在下雪，我们以后两天工夫先赶过鸽颈口（Girdan-i-kaftar），再到性质像帕米尔的图布查克（Tupchak）高原地方。李克麦斯博士作长久的高山探险时，即以此为根据地，那一带伟大的山峰以及南面环绕着的美丽的冰河，他的书中都曾叙到。

当我经过高原，横越蜿蜒于苏卡布（Surkl-ab）山谷和以南哈喇特斤边界一带的大山时，看见一片很雄伟的景致。从西边积雪的大彼得山脉起，过里阿拉山脉（Cis-Alai），以远迄于东边我第一次在塔沙噶尔（Talsagar）山口看到的穆兹塔格峰所构成的冰墙为止。于是两个月来从妫水上游横渡帕米尔和一些峻谷，东游西荡的旅行又把我带回到科迈多伊山谷和我从阿拉山方面所要追寻的古代丝缯贸易的路上来了。

下到广阔的山谷要经过肥沃的斜坡，那里有适当的雨雪，种植一切可以无须灌溉，我看见由八千英尺的高处向下，那时正在着手收获。护密地方高在两千英尺以上的地方，所有种植早在一月前便已收割，这样一比，可见出此地气候情形较为潮湿所起的影响。到哈喇特斤，我是又走到操"突厥"语住得舒适的吉里吉斯人中间来了。但是有很好的理由可以相信此地因为土地肥沃，加以容易得到丰富的牧场，所以在最后一次大迁徙把这些吉里吉斯人带到此地以前很早的时候突厥人必曾来此寇掠过的。

古代突厥人之曾占据过哈喇特斤，由现在所见流行的本地地名以及称呼多为突厥语可以证明。吉里吉斯人之得到这一块乐土，正和以前的突厥人一样，当然是由于征服而来的，而特别有趣的是这些吉里吉斯人现在也慢慢地被从达瓦兹和西边地带来的坚实的塔吉克人所挤。哈喇特斤的吉里吉斯人还是保住他们半游牧的旧习，夏季迁地就牧，从地上所得的出产显然赶不上那些温和勤俭的邻人的工业生产了。

从这里所看到的情形，很容易地可以明白古康居原来的伊朗人在被游牧人再三侵略的现在的撒马尔干和布哈拉平原，是怎样的在那里打算再占优势。而我到过哈喇特斤所听到的吉里吉斯人和塔吉克妇女通婚，又可以表明这是另外一种潜在的方法，旧伊朗人想借此逐渐改易突厥人征服者的性格，如其不能完全吸收他们的话。

伽姆（Gharm）是统治哈喇特斤酋长（Mir）的驻所，我于10月11日曾在那位尊严的酋长的花园里支搭帐篷，好好地休息了一天。"西突厥斯坦"僻远地方至今还存在的中古时代官吏尊严的奇怪情形，借此可以很有趣地瞥见一点。然后我们由此很高兴地走了两程，到达苏卡布（Surkhab）山谷向南转一大弯处，这里有一大段路是不通贸易的。这里已同因温泉得名的阿布伊伽姆（Ab-i-garm）村相近，我们的路线于是转而西向。古代丝缯商人到大夏去，当然也是取的这一条路。

到了那里，从帕米尔区域下来最后的山谷都已抛在后面，于是进入妫水的苏汗（Surkhan）和卡菲尼汗（Kafirnihan）两支流所灌溉，而以前一度自主的广阔的喜萨（Hissar）山谷。到了此地，离妫水南边古代大夏的巴尔克地方很近，似乎不能不去。但是我已决定冬季到波斯的西斯坦

（Sistan）去工作，为着时间起见，只有在撒马尔干乘外里海铁道的火车，抄取近路，愈快愈好。所以我横越布哈拉山地这些比较知道得清楚一点的地方，急急忙忙地走了九站，全程在二百七十英里左右。

我最初所走的四站地方都是肥沃之区，一定特别引起康居游牧人寇掠的注意。自阿布伊伽姆到法查巴德，我们沿途经过很好的牧场。也像北边一带的山谷一样，这些地方都为喜萨的月即别（Özbeg）地主们所有，他们每逢夏季便驱着羊群以及大队的牛马来到此地。以后三天我们经过多香伯（Doshambe）、哈喇特斤以及累伽（Regar）北边肥沃的地带走，出产最富的地方也还是为月即别人所有。而做工的则大部分是塔吉克人，并且这些人慢慢地似乎都变成佃户或者主人了。

征服的突厥人之犹守其游牧习惯的保守情形，由许多月即别村庄房屋中还支有可以移动的毡覆小屋，可以很好地表现出来。这些小屋是从夏季的牧场搬回来的，主人还是喜欢用此而不用旁边泥建的小屋。不管布哈拉的坏官是怎样地剥削他们，而我所看见的一切地方，因为土壤和气候之适宜，农村还是很舒服，农业交易也有欣欣向荣之象。我在那时一点都看不出几年之内，会有一次回教徒暴动以反抗俄国的革命统治，以及带到这些和平区域来的俄国革命的压迫。

从喜萨地方普通易走的路是向西南到古来的大道上，这条大道自妫水河畔忒耳迷（Termer）经小丘陵过占铁门关，以达撒马尔干及布哈拉，这都是历史上康居的中权重镇。但是为要缩短路程以及看看分开喜萨和布哈拉干燥草原的那些山岳起见，我于是选了向西北过蒲犁（Tash-kurghan）以到佉沙（Shahi-i-sabz）的那一条路。开始经窄狭的峡谷形峡江，再向上过风景如画、林木茂密的山坡，然后到喀尔克库什（Karkhush）山口，那时已经下雪了。离开山口，向下过下降形的高原，点缀着丰富的牧场，月即别人常来此地，于是下到宽广而水利很盛的山谷，这里的水流向卡尔齐（Karchi）。我到了佉沙大城已是10月20日，第二天坐着摇荡的俄国四轮车（Tarantass）过塔克塔卡拉查（Takhta-karacha）和宽广的扎拉甫山（Zarafshan）山谷，风尘仆仆，走了一长程以到撒马尔干。

到了这座繁忙的大城，我的中亚古道长途旅行已经到达适当的终点了。到现在的城东可以拜访阿佛拉西亚布（Afrasiab）大土堆，这是康居古都的遗址，亚历山大时代的历史家称为马拉甘达（Marakanda），中国史书上也很知名的。再近一点可以看到雍容华贵的纪念物，这是帖木儿帝（Emper of Timur）用来装饰这个中古莫卧儿帝国的伟大的中心的。但是撒马尔干的俄国城比之十五年前我第一次到此时似乎大一点，并且看起来更像一座东欧的城市了。

在俄国城的街上有许多摇动近代欧洲基础的大斗争的事实，情形着实使人担忧。而威胁最后侵略中亚的帝国的大动乱，此刻已经有了预兆。我的中亚漂流记述，到了这古代历史的舞台上，也正好可以作一个结束了。